Leonard Orr
Konrad Halbig

Bewußtes Atmen

Rebirthing

Originalausgabe

GOLDMANN VERLAG

Der Text von Leonard Orr wurde von Olivia de Seijo
aus dem Amerikanischen übertragen

Der Goldmann Verlag
ist ein Unternehmen der Verlagsgruppe Bertelsmann

Made in Germany · 1/93 · 2. Auflage
© 1992 by Leonard Orr and Konrad Halbig
Umschlaggestaltung: Design Team München
Umschlagillustration: The Image Bank/Jim Cherry, München
Satz: Uhl+Massopust, Aalen
Druck: Elsnerdruck, Berlin
Verlagsnummer: 12162
Redaktion: Christine Schrödl
DvW · Herstellung: Stefan Hansen/SC
ISBN 3-442-12162-0

Inhalt

Erster Teil

Die Theorie

(von Leonard Orr)

Ich widme dieses Buch Menschen,
die Meisterschaft
über Geist, Verstand und Körper suchen.
Ich widme es auch jenen,
die dies schon erreicht haben.
Ich widme es jenen allerersten
hunderttausend bewußten Atmern,
den freiwilligen Pionieren,
durch die Atmen gesellschaftlich anerkannt wurde.

Leonard Orr

Vorwort

Erst zehn Jahre nach Abschluß meines Studiums lernte ich zu atmen. Welche Schande, daß in unserem Erziehungssystem ein Mensch ein Universitätsstudium abschließen kann, ohne zu wissen, wie man atmet, und ohne zu wissen, daß Gedanken kreativ sind.

Geist und Atem sind die Könige des menschlichen Bewußtseins, die zwei wichtigsten menschlichen Handlungen. Es bedarf enormer Konzentration und Mühe, um eines von beiden anzuhalten. Sie sind den ganzen Tag lang aktiv – freiwillig oder unfreiwillig.

Atem ist Geisteskraft. Atem ist die Quelle all unserer Kraft in diesem physischen Universum. Wenn ein Mensch auch nur wenige Minuten nicht atmet, stirbt er – es sei denn, es handelt sich um einen Yoga-Meister. Der Atem ist der größte Heiler unseres Körpers. Atem heilt mehr als alles andere auf dieser Welt. Atmen ist so einfach, so offensichtlich, daß niemand sich seiner ungeheueren Macht bewußt wird.

Wußtest du, daß siebzig Prozent der Ausscheidungen des Körpers durch den Atem geschehen? Als nächstes folgt Schwitzen und dann erst Darmentleerung und Wasserlassen. Ohne den Atem würde der menschliche Organismus ersticken und vergiftet werden.

Mir geht es hier nur um die offensichtlichen körperlichen Folgen, die man fühlen und von denen man jeden Tag profitieren kann.

Im Sportunterricht lernt man unbewußtes Atmen. Dabei ist es möglich, auf ganz einfache Art bewußt zu atmen, so daß Körper und Geist erfrischt werden. Bewußtes Einatmen neuer Lebensenergie reinigt das Nerven- und Kreislaufsystem, vermehrt die Zellen, stärkt die Organe, klärt die menschliche Aura und bringt sie ins Gleichgewicht.

Die Aura ist der Energiekörper und wird auch als der emotionale Körper beschrieben. Man spricht manchmal vom Regenbogenkörper, weil die Aura in den Farben dieses Spektrums erscheint. In unserer Zeit, in der die Kirlean-Fotografie ein populäres Phänomen geworden ist, wird die Existenz der menschlichen Aura nicht länger in Frage gestellt. Es ist allgemein bekannt, daß die Aura durch Veränderung der Gedanken und durch den Atem beeinflußt wird. Die Aura wird als ein sich ständig bewegendes Energiefeld bezeichnet, das den menschlichen Körper durchdringt und umgibt.

Die beiden wichtigsten Aufgaben des Menschen sind, richtig atmen zu lernen und die Kraft der Gedanken zu seinen eigenen Gunsten einzusetzen. Daher müßte dies Ziel im Mittelpunkt eines jeden Erziehungssystems stehen, das irgendeinen praktischen Wert besitzen soll. Das Lehren von Atembewußtsein ist von so großer Bedeutung, daß es das wichtigste Thema aller Schulen sein könnte.

Letzten Endes kann man nur durch den Atem selbst atmen lernen. Atmen ist also eine Übung, nicht nur Bewußtsein. Diesem Buch liegt eine einfache Atemübung zugrunde. Sie dauert nur dreißig Sekunden. Man kann sie zu Beginn und zum Abschluß jeder Unterrichtsstunde machen. Die Schulen, die diese Übung einführen, werden fähigere Schüler hervorbringen. Man wird nicht nur bessere Schul- und Sportergebnisse erreichen, sondern alle in der Schule werden zufriedener sein. Denn der Atem ist die Quelle der Lebensfreude.

Ich selbst entdeckte die Kraft und den Geist des Atmens im Jahre 1975. Zehn Jahre lang hatte ich vereinzelt Atmen gelernt, doch erst 1975 wurde es mir wirklich bewußt. Dies geschah, während ich anderen Menschen beibrachte, wie man atmet. Dieses Buch soll eine kurze, praktische Anleitung sein. Wenn du übst, wird dir der Atem selbst seine Geheimnisse verraten.

Zwanzig verbundene Atemzüge

Wir beginnen mit dem Wichtigsten. Dieses Buch basiert auf einer einfachen Übung, die ich »zwanzig verbundene Atemzüge« nenne. Sie dauert nur dreißig Sekunden, und man kann sie immer und überall machen. Diese dreißig Sekunden bewußter Atmung bringen neue Lebensenergie in Geist und Körper. Es handelt sich um vier mal fünf Atemzüge:

1. Vier kurze Atemzüge.
2. Nach den vier kurzen Atemzügen einen ganz langen.
3. Du sollst durch die Nase ein- und ausatmen.
4. Vier kurze und einen langen Atemzug, viermal hintereinander, ohne anzuhalten.

Ich werde es dir weiter erklären, aber versuche die Übung erst, bevor du weiterliest.
Ein- und Ausatmen geschehen in einem ununterbrochenen Kreis. Ein- und Ausatmen sind in einem Atemzug hintereinander verbunden. Alle zwanzig Atemzüge sóllten auf diese Weise verbunden sein, so daß es sich um eine zusammenhängende Serie von Atemzügen handelt.
Die kurzen Atemzüge betonen die Verbindung und das Verschmelzen des Ein- und Ausatmens in ungebrochenen Kreisen. Während der langen Atemzüge füllst du dich so weit auf, wie du kannst und läßt beim Ausatmen völlig los.
Bevor du weiterliest, mache fünf verbundene Atemzüge, vier kurze und einen langen.

Fünf verbundene Atemzüge sind wie ein einziger Atem.

---

1. Das Tempo stimmt, wenn du weder drängst noch zurückhältst.
2. Dein Atem sollte frei fließen. Zwinge ihn nicht, kontrolliere ihn nicht.
3. Bleibe in einem gleichmäßigen Rhythmus.
4. Wenn du richtig atmest, fühlst du mit der Luft auch Energie in deinen Körper dringen.

Dies nennen wir bewußte Energieatmung. Es ist möglich, den Energiefluß zu bremsen, während man Luft einatmet. Und ebenso ist es möglich, die Luftzufuhr einzudämmen, während man Energie einatmet.

Es mag sein, daß du die Energie des Atems bereits beim ersten Mal spürst. Du wirst merken, daß dein vierter langer Atemzug voller und größer ist als dein erster langer Atemzug.

Mache diese einfache Übung täglich, wenn du jemand bist, der gerne lebt. Sie ist völlig harmlos. Sie ist gut für deine Gesundheit.

Wenn du vorhast, weiterzuleben, wirst du auch weiter atmen müssen. Ist dir aufgefallen, wie angenehm diese Übung war? Wenn du jeden Tag übst, wird dein ganzes Leben angenehmer sein.

Spürtest du irgend etwas im Körper?

Einigen Menschen wird schwindlig, oder ihre Hände, ihr Magen und andere Körperteile kribbeln. Menschen, die falsche Atemgewohnheiten haben, werden seltsame und ungewöhnliche Dinge spüren, wenn sie richtig atmen.

Wenn du diese Übung der »zwanzig verbundenen Atemzüge« regelmäßig machst, fühlst du möglicherweise jedesmal etwas anderes. Das bedeutet, daß du lernst und daß du Nutzen daraus ziehst.

Ich rate dir, diese Übung in der ersten Woche nur einmal täglich durchzuführen. Wenn du zuvor nicht richtig geatmet hast, so ist dein Körper möglicherweise nach Sauerstoff ausgehungert. Einmal am Tag reicht dann.

Und noch etwas, was du wissen solltest:

---

1. Atmen ist völlig harmlos, aber dein Geist* ist es nicht.
2. Alles, was du beim Atmen spürst, wird verschwinden, wenn du weiteratmest.
3. Atmen entspannt.
4. Entspannung löst Anspannungen.
5. Anspannung verursacht Sinneseindrücke.
6. Weder der Atem noch die Entspannung erwecken Sinneseindrücke. Diese werden durch angesammelte Anspannungen und Verunreinigungen des »Geistes« und Körpers hervorgerufen. Atme weiter, und du wirst keine Spannungen oder Sinneseindrücke mehr haben. Du wirst ruhig und in Frieden sein.
7. Bei jedem Ein- und jedem Ausatmen entspannst du dich unwillkürlich.
8. Atmen ist völlig sicher und lebensspendend.
9. Wenn du dich zu sehr entspannst, weil du zu lange atmest, wirst du vielleicht Dinge spüren, die dich erschrecken.
10. Deshalb empfehle ich dir, in den ersten sieben Tagen nur einmal die »zwanzig verbundenen Atemzüge« zu machen.
11. Diese Empfehlung ist dazu da, damit du nicht gleich zuviel spürst und davor erschrickst.
12. Atmen ist sehr einfach und sehr machtvoll.
13. Eile nicht.

---

* Im Englischen steht hier das Wort »mind«. Die deutsche Übersetzung durch »Geist« erfaßt jedoch nicht die gesamte Bedeutung des englischen Begriffs. »Mind« ist die Gesamtheit der bewußten und unbewußten Tätigkeiten, die mentale Persönlichkeit (Ich) des Menschen, mit den beobachtenden Fähigkeiten (Intellekt, Vernunft), wodurch sich ein Individuum von einem anderen unterscheidet. (Anmerkung des Übersetzers.)

Wenn du auch nur einmal am Tag ein Jahr lang die »zwanzig verbundenen Atemzüge« machst, wirst du in diesem einen Jahr ein ungeheures Atembewußtsein entwickeln.

Du wirst dann viel mehr atmen als im letzten Jahr. Diese »zwanzig verbundenen Atemzüge«, täglich durchgeführt, werden dich in einem Jahr mehr über das Atembewußtsein lehren, als du in deinem ganzen Leben bisher gelernt hast.

Warum bewußt atmen?

Warum bewußt atmen? Warum überhaupt atmen? Weil es uns gesund und glücklich macht!

Warum atmen die Menschen so schlecht? Warum sollten sie es besser machen?

Fast jeder, der die »zwanzig verbundenen Atemzüge« auch nur ein einziges Mal macht, wird spontan neugierig auf den Atem. Diese einfache Übung läßt Menschen plötzlich merken, daß es für sie etwas zu lernen gibt. Diese Übung beantwortet die oben gestellten Fragen. Bewußtes Atmen ist die einzige Antwort auf alle Fragen über den Atem. Wenn der Atem selbst dir keine Antwort gibt, ist sie es vielleicht auch nicht wert, sie zu kennen.

Wissenschaft bedeutet Experimentieren. Experimentiere mit dem Atem in deinem eigenen Körper, und werde ein Wissenschaftler.

Ich traf in der westlichen Welt noch niemanden, der den Atem nicht neu erlernen mußte. Nur in Indien begegnete ich in einigen Yoga-Meistern Menschen, die richtig atmeten.

Alle Menschen atmen gehemmt. Warum nur?

Die Antwort ist einfach. Jede negative Erfahrung, die wir in diesem Körper machen, kann unsere Atemfähigkeit einschränken. Negative, schmerzhafte oder unangenehme Erfahrungen akkumulieren und entwickeln sich zu negativen Gefühlen und Gedanken, und diese schädigen unsere natürliche Atemfähigkeit. Meine Beobachtungen ergaben, daß fast jeder von uns genügend negative Erfahrungen im ersten Lebensjahr sammelt, um die natürliche Atemfähigkeit am Ende des ersten Jahres eingebüßt zu haben. Auch wenn wir wunderbare Eltern und eine herrliche Umgebung hatten, so scheinen doch Geburt und Kindheit für die Menschen grundsätzlich eine traumatische Zeit zu sein.

Wir beginnen bei der Geburt zu atmen. Dies ist der wichtigste Aspekt der Geburt. Vorher wurden wir durch die Nabelschnur mit Sauerstoff versorgt. Energie und Luft nehmen wir auch durch das Fruchtwasser auf. Wenn wir aber aus dem Mutterleib kommen und die Nabelschnur abgeschnitten wird, müssen wir erfolgreich atmen oder wir sterben.

Meine Tochter Spirit wurde unter Wasser geboren. Die Bedingungen und die Umgebung ihrer Geburt waren so gut, wie man sie nur irgendwie gestalten kann. Und dennoch zeigt auch sie Zeichen des »Geburtstraumas«.

Durch *Rebirthing* erinnerte ich mich an meine eigene Geburt. Ich weiß, daß meine Nabelschnur zu früh durchgetrennt wurde. Mein Leben lang habe ich deshalb gelitten. Ich war nicht intelligent und kam auf fast keinem Gebiet, außer im Sport, richtig mit. Dies war das Ergebnis meines Geburtstraumas. Kinder und später Erwachsene spüren so lange Angst, bis dies wiedergutgemacht ist. Die Fähigkeit, sich zu entspannen, zu lernen und aufzunehmen, wird vor allem durch die Atemfähigkeit bestimmt.

Meine Frau Katarzyna und ich sorgten dafür, daß Spirit noch vier Stunden nach ihrer Geburt mit der Nabelschnur verbunden blieb. Aufgrund meiner Erfahrung kann ich mit Zuversicht behaupten, daß sie ein bis zwei Stunden brauchte, um ihren Atem normal zu entwickeln. Sie hätte in bezug auf ihren Atem ein Trauma erlitten, wenn ihre Nabelschnur nicht wenigstens noch zwei Stunden lang mit ihr verbunden gewesen wäre. Ein Baby hat neun Monate lang an ein zusätzliches, unterstützendes System angeschlossen gelebt. Es ist logisch und ganz normal, daß ein Neugeborenes einige Stunden Zeit benötigt, um sich an die Umstellung zu gewöhnen, bevor es abgetrennt wird. Die Rolle der Nachgeburt wird mißverstanden.

Fast niemand erfährt den Luxus, den es bedeutet, wenigstens eine Stunde nach der Geburt noch durch die Nabelschnur versorgt zu sein. Deshalb ist bei fast allen Menschen der Atemmechanismus geschädigt. In sogenannten zivilisierten Ländern ist es üblich, die Nabelschnur zehn bis zwanzig Minuten nach der Geburt durchzutrennen. Dies ist die Ursache der ständigen Angst und Bedrängnis der Menschen.

Deshalb ist es vor allem in den »zivilisierten« Ländern um so wichtiger, an den Schulen Atemunterricht zu geben. Gerade diese Länder brauchen darin mehr Anweisungen als die anderen.

In einigen »primitiven« Ländern tragen die Kinder keine Windeln. Ich konnte feststellen, wie der Atemmechanismus meiner Tochter durch das Tragen von Windeln gehemmt wurde.

In den meisten »primitiven« Ländern gehen die Menschen auch mehr als in den Vereinigten Staaten oder anderen westlichen Ländern zu Fuß. Abgesehen davon, daß wir unsere Füße nicht mehr gebrauchen, dämmen Autos unseren Atem auch auf andere Weise ein. Es ist nicht zu verleugnen, was sie der Luft, die wir einatmen, antun. Außerdem werden unsere Atemorgane durch die Sitzposition eingeengt.

Gehemmtes Atmen ist zur nationalen Krankheit geworden. Es ist die Ursache der meisten Leiden. Die Hyperventilation ist ein Symptom gehemmten Atmens. Der Name ist eigentlich nicht zutreffend, denn die entsprechenden Merkmale werden nicht durch zu viel Atmen verursacht. Hyperventilation findet nur deshalb statt, weil der Körper nach Sauerstoff ausgehungert ist.

»Zwanzig verbundene Atemzüge« täglich sind eine wirkungsvolle Art, um das Hyperventilationssyndrom zu vermeiden oder wenigstens die Symptome zu verringern.

Wenn man die »zwanzig verbundenen Atemzüge« beherrscht, kann man sie auch im Auto durchführen. Durch das viele Sitzen wird man automatisch gehemmter. Die hier vorgeschlagene Übung, mehrfach am Tag durchgeführt, kann einem in dieser Hinsicht äußerst behilflich sein.

Bewußte Energieatmung ist bei der Heilung von Krankheiten von wesentlicher Bedeutung. Ich stellte fest, daß die meisten

Menschen sich früher oder später an den Augenblick ihres ersten Atemzuges erinnerten – ebenso wie an viele andere Details ihrer Geburt. Bewußtes Atmen scheint die Erinnerung an den ersten Atemzug freizusetzen. So kann man das Trauma, das auf den Atemmechanismus wirkt, auflösen.

Es war wunderschön, dies zu erfahren. Es bedeutet, daß man seinen Atem »reparieren« kann. Sogar das Geburtstrauma kann wiedergutgemacht werden.

Ich lehrte Kinder, die nur ein paar Tage alt waren, wie man atmet. Und ich lehrte ebenso Menschen über neunzig. Das richtige Atmen ist eine Quelle der Wunder.

Du wirst wissen, worum es sich beim Atmen handelt, wenn du erst einmal einige energetische Zyklen, wie ich sie im folgenden Kapitel beschrieb, beendet hast. Es gibt dafür keine Worte. Wenn du es erfährst, werden Worte überflüssig. Da es genügend Lehrer für bewußtes Atmen auf dieser Welt gibt, brauchst du nicht durch Fehler zu lernen.

Ich halte es für überaus wichtig, daß Ärzte und Krankenschwestern, aber auch Grundschullehrer etwas über die Folgen des Geburtserlebnisses wissen. Denn viele Kinderkrankheiten sowie Lern- und Verhaltensstörungen sind in diesem Trauma begründet. Je jünger die Kinder sind, desto mehr liegen diese Erinnerungen an der Oberfläche, und man kann die körperliche und seelische Entwicklung durch dieses Wissen ungemein unterstützen.

Vollendete Energiezyklen

Es gibt tatsächlich so etwas wie einen vollendeten Energiezyklus. Früher oder später wirst du das Wunder dieser Art von Atmung erleben. Ganz gleich, ob du selber atmest oder ob du unterrichtest, du wirst den Geist des Atems entdecken; die reine Lebensenergie, als würde dein Körper durch eine wunderbare Kraft geatmet, die größer ist als du selbst. Sie mag dir nicht größer als du selbst erscheinen, wenn du dich selbst schon als Geist, Verstand und Körper betrachtest. Dennoch wirst du eine erstaunliche Erfahrung mit deinem eigenen Atem machen – eine Erfahrung, die dir vielleicht zuvor verborgen war.

Dieses Erlebnis wirst du haben, wenn du den Rhythmus der verbundenen Atemzüge fünf oder zehn Minuten lang durchführst – frei und leicht atmend und nicht allzu kontrolliert. Ziel ist es, intuitiv zu atmen, statt sich zu sehr zu konzentrieren und den Rhythmus mitzuzählen. Ziel ist es nicht, hart zu atmen oder zu hyperventilieren. Atme sanft und leise, so daß du den Fluß der Energie spürst. Richtiges Atmen ist keine Disziplin. Es ist Inspiration. Gesundes Atmen ist einfach angenehm.

Es besteht immer eine Möglichkeit, bewußt zu atmen mit einer Energie, die angenehm ist und sich gut anfühlt. Erforsche deinen Atem, und öffne dich neuen Erfahrungen. Richte dein Bewußtsein auf die Energie. Wenn der Rhythmus deiner Atemzüge stimmt, fallen Luft und Energie in eins zusammen und setzen deine Intuition frei. Wenn du den Faden verlierst, solltest du den Rhythmus ändern, bis du den Anschluß wiederfindest. Über die »zwanzig verbundenen Atemzüge« hinausatmen, verlangt nicht mehr, an das Mitzählen zu denken. Du befindest dich dann in einem ganz neuen Erfahrungsraum.

Wenn du dich durch einen vollendeten Energiezyklus hindurch-
atmest, kannst du dich so fühlen wie beim Skilaufen oder Surfen.
Du fühlst dich freudig, angenehm. Doch du mußt dabei intuitiv
bleiben. Es wird vielleicht nicht auf Anhieb klappen. Dann ruhe
dich eine Weile aus. Das heißt, du solltest einige Minuten warten
oder vielleicht einige Tage. Dann versuche es erneut, und beginne
wieder damit, die »zwanzig verbundenen Atemzüge« einmal am
Tag durchzuführen, bis du dich wieder wohl fühlst und bereit
bist, den nächsten vollendeten Energiezyklus zu erleben.

Ein vollendeter Energiezyklus bedeutet ein oder zwei Stunden
lang ständiges verbundenes Atmen. Es ist einfacher, wenn dich
ein erfahrener Atemlehrer unterstützt. Er wird dir helfen, durch
intensive Gefühle und physische Sinneseindrücke hindurchzugehen. Er wird dich daran erinnern, weiterzuatmen, wenn du
selber nicht mehr daran denkst. Er hilft dir, sicher durch Angst
oder Schmerz hindurchzukommen. Es ist sehr nützlich, einen
Atemlehrer bei sich zu haben, wenn man das Atmen erlernt.
Auch wird dir ein erfahrener Lehrer eine zusätzliche Dimension
reiner Lebensenergie vermitteln.

Atmen ist sicher und völlig harmlos. Deine Lebensenergie ist
sicher und völlig harmlos. Deine Gefühle und dein Geist hingegen sind nicht so sicher oder harmlos. Doch atme weiter,
entspanne dich. Dann werden Geist und Gefühle ruhig, sicher
und entspannt sein. Die Meisterschaft über den Atem ist ein
leichter Weg zur Selbstmeisterung.

Der Atem ist ein schneller und sicherer Weg, um Geist und
Gefühle harmlos zu machen. Einfaches Atmen befähigt Lehrer
und Schüler, entspannt zu sein und den Prozeß des Lernens zu
genießen. Es gestattet den Menschen, verworrene Gefühle und
Gedanken, welche die Konzentration behindern und den Lernprozeß stören, loszulassen. Bewußte Atmer sind geistig reger
und entspannter. Sie sind in körperlicher und geistiger Hinsicht
gesünder.

Vollendete Energiezyklen, die ein oder zwei Stunden dauern,
können kräftige, beängstigende oder sogar schmerzhafte körperliche Eindrücke mit sich bringen. Doch sie gehen vorbei, sie

verschwinden, wenn du nur weiteratmest. Du weißt, wann du den Zyklus beendet hast, weil dann all diese Gefühle in den Hintergrund getreten sind und du von Ruhe und Frieden erfüllt bist.

Die meisten Menschen erzählen, sie fühlten nach einem vollendeten Energiezyklus einen derartigen Frieden, wie sie ihn in ihrem Leben noch nie gekannt hatten. Wenn du das Gefühl hast, du kannst nicht weiter rhythmisch atmen, ruhe dich aus. Versuche es dann noch einmal. Wenn du mehr als zwei Stunden geatmet hast und keinen Frieden spürst, solltest du für den Augenblick damit aufhören und es eine Woche später noch einmal versuchen. Doch vielleicht fühlst du dich am nächsten Morgen, nach einer Nacht ruhigen Schlafs wunderbar.

Ein vollendeter Energiezyklus, in dem du bewußt geatmet hast, reinigt deinen Kreislauf, dein Nervensystem und deine Aura. Die Erfahrung ist wunderschön. Du mußt sie selbst erleben, um es zu glauben. Deine Lungen sind die Quelle unglaublichen Friedens und Glücks.

Wenn du mehr als einige Minuten lang atmest, ist es gut, wenn du an einem behaglichen und sicheren Ort liegst. Man kann einen Energiezyklus auch beim Spazierengehen oder in jeder anderen Position vollenden, aber das ist nicht so wirkungsvoll. Wenn du atmest, um einen vollendeten Energiezyklus zu erleben, so lege dich am besten dazu hin.

Spontane und kontrollierte Energiezyklen sind ganz normale Erfahrungen. Jeder Mensch mit Geist, Verstand und Körper kann sie erleben. Es handelt sich um eine natürliche, spirituelle, geistige und körperliche Erfahrung. Manche Menschen werden Angst oder Schmerz spüren, andere nur Vergnügen. Energie kann auch spontan erfahren werden, ob im Atemunterricht oder während einer anderen Art von Entspannung. Meditation, Musik, Baden, Lieben, Lesen, Natur, Schlaf, all dies kann zur Energieerfahrung werden. Während man einem guten Lehrer zuhört, Sport treibt oder sich gut und sicher fühlt in jedem dieser Augenblicke, kann man plötzlich den Energiefluß in Geist und Körper spüren.

Manche Menschen haben starke und ziemlich dramatische Energieerfahrungen während ihrer ersten Stunden in bewußtem Atmen. Dies ist verständlich und nicht ungewöhnlich. Doch wenn man erst einmal mit dem Rhythmus der verbundenen Atemzüge umgehen kann, dann wird es auch mit den Gefühlen gelingen.

Die Entdeckung
des Atembewußtseins

Die Geschichte des bewußten Atmens ist die Geschichte meiner eigenen Heilung und der Heilung unzähliger anderer.

Meine Heilung geschah, als ich noch an der Universität war. Ich suchte nach dem Sinn meiner Existenz und fand ein ganzes Jahr keine Antwort. Es war meine geistige Revolution. In jenem Semester fiel ich fast durch. Doch in dem nächsten wurde ich einer der besten Studenten – zum ersten Mal in meinem Leben. Den Rest meiner Studienzeit bekam ich nur noch die besten Noten.

Damals fiel es mir schwer, diesen Wandel zu erklären. Heute verstehe ich ihn folgendermaßen: Ich war dabei, mich persönlich auf jene Energie einzustimmen, die manche den »universellen Geist« oder die »unendliche Intelligenz« nennen. Nachdem ich die Verbindung zu dieser unendlichen Kraft hergestellt hatte, lernte ich es, sie für ganz praktische Zwecke einzusetzen. Sie half mir, meinen Sinn zu finden und meine Kreativität zu entwickeln. Daß ich meine persönliche Verbindung zum »universellen Geist« entdeckte, verdanke ich vor allem Joel Teutsch, einer ganz besonderen Frau.

Studenten sind einem Überangebot an Information ausgesetzt. Nicht alles davon ist brauchbar und einiges ganz und gar nutzlos. Dies erscheint auf den ersten Blick selbstverständlich. Aber für mich war es sehr aufregend, als ich die wertvollen Ideen von den nutzlosen zu unterscheiden lernte. Das war mein wichtigster Lernprozeß, von dem ich mein Leben lang profitiere.

Die zweitwichtigste Entdeckung machte ich, als ich eines Morgens beschloß, in der Badewanne zu bleiben und mich zu entspannen, statt pünktlich zur Arbeit zu kommen. Jahrelang konnte ich nicht definieren, was passiert war. Heute weiß ich, daß ich psychophysische Geburtserinnerungen hatte.

In den Jahren 1966 und 1967 quälte ich mich mit Selbstmordgedanken. Im Sommer 1967 schnitt ich mir am Strand die Adern auf. Während ich blutete, merkte ich, daß ich jetzt bewußt wählen mußte, ob ich leben oder zu Tode bluten wollte. Mein Leben war damals elend, und ich hatte keine Lust zu leben. Dennoch beschloß ich, es noch einmal anzupacken, bevor ich sterben wollte. Ich liebte zwar das Leben nicht, aber ich mochte auch nicht als Verlierer sterben.

Später erkannte ich, daß ich Herr über meine Todessehnsucht werden konnte. Der Todestrieb ist eine zerstörerische Ansammlung negativer Gedanken und Gewohnheiten, die unser Glück und unsere Freude in solchem Ausmaß zerstören, daß man sich nur noch den Tod herbeisehnt. Jeder Lebenszyklus wird ohnehin durch den Tod beendet. Eine Kraft, die stärker ist als wir selbst, liegt der Todessehnsucht zugrunde. Als ich dies erkannte und meine Negativität in Frage stellte, begann meine Todessehnsucht zu weichen.

Es ist sehr sinnvoll, den Todestrieb loszuwerden. Ich ersetzte ihn durch Lebendigkeit und entdeckte dabei enorme Reserven von Kreativität und Energie, die zuvor von meinen unbewußten negativen Überzeugungen verdeckt waren.

Ich befreite mich von Versagen, Unglück und Krankheit. Auch persönlicher finanzieller Erfolg blieb nicht aus. Frei von dem Glauben, daß Gott oder irgendeine Kraft nur darauf wartete, mich zu töten, fühlte ich mich jetzt sicher im Universum, in meinem Geist, Kopf und Körper. Dieses Gefühl der Sicherheit ermöglichte es mir, mich an meine Geburt und die Erfahrungen unmittelbar danach zu erinnern.

Ich besann mich auf unangenehme und traumatische Erfahrungen meiner Kindheit. So viele schmerzhafte Erinnerungen kehrten zu mir zurück. Jetzt jedoch ist für mich Zufriedenheit und Energie der natürliche Zustand.

Später wurde ich Berater von Geschäftsleuten. Meine Unterstützung ermöglichte es ihnen, ihr Einkommen erheblich zu verbessern. Ich verdiente viel damit, Menschen das beizubringen, was ich selbst durch meine eigene Suche gelernt hatte.

Nach vielen Einzelseminaren wollte ich mein Wissen über das Funktionieren des menschlichen Hirns ausdehnen und beschloß, die intensivere Form einer Einjahresgruppe einzurichten. Gemeinsam mit den Teilnehmern konnte ich auf diese Weise die Beobachtung und Analyse der Veränderung vertiefen.

Mein erstes Einjahres-Seminar begann ähnliche Erfahrungen zu sammeln wie ich. Wir kamen auf die Idee, einen Schnorchel und Nasenklipps zu benützen, sowie eine große kalifornische, heiße Badewanne, um die Geburtserfahrung wieder wachzurufen. Vierundzwanzig Mitglieder unserer Gruppe zogen sich an einem Wochenende 1974 zurück, um zu experimentieren. Wir hatten alle sehr tiefe Erfahrungen gemacht, einschließlich psychophysischer Phänomene und Geburtserinnerungen. Es bestätigte sich, daß das Atmen der wesentliche Faktor war. Danach ließ ich einige hundert Menschen diese Unterwasser-Atemerfahrung machen. Diese Methode wurde sehr populär.

Ein Jahr später, etwa 1977, beobachtete ich etwas, das ich schon kannte, aus neuer Sicht. Die Menschen, mit denen ich arbeitete, begannen, eine grundlegende Transformation ihres Atemmechanismus zu spüren. Ich nannte dies »Befreiung des Atmens« oder »Heilung des Atmens«. Ich kann dazu nur sagen, daß die Menschen von dem Atem selbst das Atmen erlernen. Dies muß man sehen, um es zu glauben, oder, noch viel besser, es selber erfahren.

Wenn ein Mensch eine solche Erfahrung macht, transformiert sich der Atem so, daß der Geist des Menschen aktiv ist, bis alles in Geist und Körper geheilt ist.

Es hat nicht viel Sinn, darüber zu sprechen, bis man es nicht erfahren hat. Und wenn man es erfahren hat, ist es nicht mehr nötig, darüber zu reden. Dein Atem wird von da ab immer voller und freier sein.

Ich fragte mich, ob ich den Atemrhythmus eines Menschen lenken könnte, um ihn in diese Erfahrung hineinzuführen. Es war möglich, stellte ich fest. Doch es war sinnvoll, etwa zehn

Sitzungen zu geben, damit der Schüler seinen Atemrhythmus meisterte.

Denn auch wenn man einen Menschen, was seinen Atemrhythmus betrifft, anleitet, kommen normalerweise so viele physische und emotionale Eindrücke nach oben, daß der Mensch seinen Atemrhythmus nicht wirklich wahrnimmt. Also machten wir genügend Sitzungen, um diesen intuitiven Atemrhythmus wirklich zu meistern. Nach zehn Sitzungen sind die Sinneseindrücke so leicht geworden, daß die Menschen ihren Atem frei beobachten können, ohne dabei unterstützt zu werden.

In zehn Sitzungen von ein bis zwei Stunden lösen Erwachsene durch den Atemrhythmus die meisten ihrer angesammelten Anspannungen auf. Nach zehn Sitzungen sind die Empfindungen subtiler. Es reicht schon, jeden Tag ein wenig zu atmen, um den Energiekörper rein und im Gleichgewicht zu erhalten.

Dies ist der Verlauf bei einem normalen Menschen. Ich bin nicht normal. Deshalb habe ich wohl auch die ganze Sache entwickelt.

Meine Atementwicklung war deshalb nicht normal, weil ich eine traumatische Geburt erlebt hatte. Es begann damit, daß ich ein ungewolltes Kind war. Meine Mutter gebar ihre ersten drei Kinder kurz nacheinander. Danach wollte sie keine mehr. Die letzten drei waren alle vier Jahre auseinander. Und ich war das jüngste. Ich hatte nie das Gefühl, daß meine Mutter mich liebte oder schätzte. Dieses Gefühl, nicht gewollt zu sein, hat mich mein Leben lang verfolgt.

Ich hatte viele Sitzungen in bewußtem Atmen. Doch im großen und ganzen ist meine Fähigkeit, erfolgreich zu atmen, manchmal da und manchmal nicht. Mein Geburtstrauma ist jetzt fast vorbei, glaube ich. Aber es war nicht leicht.

Aufgrund meines Geburtstraumas habe ich in den letzten zwei Jahren fast immer zwei Stunden am Tag atmend in meiner Badewanne verbracht. Im letzten Jahr erreichte ich doppelt so schnell das Gefühl des Gleichgewichts in meinem Energiekörper. Wenn ich allerdings in der Stadt arbeite, dauert es manchmal auch länger.

Für mich verläuft ein Energiezyklus jetzt ganz anders als am Anfang. Ich fühle die Energiekonzentration in verschiedenen Teilen meines Körpers – im Hals zum Beispiel und fast immer im Solarplexus. Ich kann all den Schmerz, den ich im Laufe des Tages von anderen Menschen aufnehme, ausatmen.

Wenn ich zum Beispiel eine Sitzung mit einem zornigen Menschen habe, macht sich meistens ein Schmerz im unteren Teil meines Rückens bemerkbar. Diesen atme ich dann während meines Bades aus. Wenn ich im Winter ins Kaufhaus gehe, tut mir normalerweise der Hals weh. Das geht vorbei, wenn ich die Atemübung der »zwanzig verbundenen Atemzüge« mache, während ich einmal um den Block gehe.

Es ist leicht für mich, einen reinen und ausgeglichenen Energiekörper zu haben, wenn ich alleine im Wald bin oder in meinen heißen Quellen. Es ist nicht ganz so einfach, wenn ich Hunderten von Menschen in den Städten das Atmen beibringe.

Ein Monat in der Stadt ist das Maximum, was mein Körper aushält, dann muß ich mich in mein Landhaus zurückziehen. Mein Haus ist ein Ort der Zurückgezogenheit, wo auch du willkommen bist. Während ich mich mit der Meisterschaft über die Luft, nämlich den Atem, und das Wasser, in Form von Bädern, beschäftigte, bedachte ich auch die Rolle, die Feuer und Erde in der Meisterschaft meines Geistes, Verstandes und Körpers spielen.

Ich bin den unsterblichen Yoga-Meistern dankbar für das, was ich von ihnen gelernt habe. Ich traf mindestens sieben Menschen, die über dreihundert Jahre alt waren.

Ich bin ein sehr glücklicher Mensch.

Geist und Atem sind die Könige des menschlichen Bewußtseins. Du bist dann ganz Mensch und göttlich, wenn du atmen gelernt hast und wenn du weißt, wie du deine Denkfähigkeit zu deiner Lebensbereicherung benützen kannst.

Sieben wundervolle Atemübungen

1. Übung: Zwanzig verbundene Atemzüge

Von den »zwanzig verbundenen Atemzügen« erzählte ich euch schon, vier kurze, ein langer – viermal hintereinander. Damit möchte ich, daß ihr jeden Tag einmal atmet, damit ihr euch eures Atems so bewußt werdet, wie ihr euch der natürlichen und göttlichen Kräfte bewußt seid. Denke daran:

1. Ziehe den Atem bewußt ein – sanft und langsam.
2. Lasse ihn wieder heraus. Ziehe ihn wieder ein. Lasse ihn wieder los. Halte den Atem nicht an. Die Anziehungskraft und die natürliche Muskelkontraktion werden das Ausatmen für dich besorgen. Es gibt nichts zu halten oder zu kontrollieren. Und atme gleich danach wieder ein.
3. Verbinde Ein- und Ausatmen, Aus- und Einatmen. Mache einen ungebrochenen Atemkreis. Atmen bedeutet Verschmelzung von Geist und Materie. Atmen ist eine Brücke.
4. Laß ruhig am Ende der langen Atemzüge alle Luft heraus.
5. Wenn du Schwierigkeiten mit dem Rhythmus hast, so atme einfach täglich zwanzigmal tief durch. Du kannst dabei im Bett sein, beim Aufwachen, oder in der Badewanne liegen.

Dein Atem ist dein Freund. Er hält dich lebendig und gesund.
Die folgenden sieben Dreißig-Sekunden-Übungen sollst du nicht hintereinander machen. Ruhe dich zwischendurch aus, um zu spüren, was in dir geschieht.

Atme ein, durch deinen Kopf, durch die Brust, durch den Hals.

Kinder und Indianer heilen viele Krankheiten so in wenigen Tagen. Die meisten Erwachsenen brauchen jedoch vollendete Energiezyklen, um die Übung wirklich zu nutzen.

Entspanne dich fünf oder zehn Minuten zwischen jeder Übung.

2. Übung: Zunge zwischen den Zähnen

Die zweite Übung ist ähnlich. »Zwanzig verbundene Atemzüge« mit einer kleinen Variante: Schiebe die Zunge zwischen deine Zähne. Der Mund bleibt geschlossen, aber die Zunge befindet sich zwischen den Zähnen und endet nach oben gerichtet, hinter deiner Oberlippe, oder abwärts gerichtet, hinter deiner Unterlippe. Während der ganzen Übung bleibt deine Zunge in dieser Position. Mache »zwanzig verbundene Atemzüge«, durch die Nase natürlich.

Fällt dir auf, daß es sich anders anfühlt als die erste Übung? Diese Übung hilft Menschen, die nachts mit den Zähnen knirschen oder leicht zornig werden. Mach sie, wenn du im Bett liegst und einschlafen möchtest. Oder mitten in einem Wutausbruch. Du entspannst dich tiefer, wenn deine Zähne nicht aufeinander liegen.

3. Übung: Atmen mit offenem Mund

In dieser dritten Übung sollst du die »zwanzig verbundenen Atemzüge« mit weit geöffnetem Mund machen und durch den Mund statt durch die Nase ein- und ausatmen.

1. Dein Mund sollte so weit offen sein, wie du ihn ohne Anspannung während der »zwanzig verbundenen Atemzüge« halten kannst.
2. Fühle in dich hinein.
3. Entspanne deine Zunge.
4. Atme bewußt ein und aus.

Wenn du durch den Mund atmest, läßt du blockierte Energie oder unterdrückte Gefühle auf sichere Weise los. Wenn es dir unangenehm ist, so atme wieder durch die Nase.

Die Nase ist zum Atmen da. Von dort wird die Energie direkt in unser Nervensystem geleitet. Es ist viel gesünder, durch die Nase zu atmen als durch den Mund. In Kliniken für geistig Behinderte stellte man fest, daß die Patienten meistens durch den Mund atmen. Dieses gewohnheitsmäßige Durch-den-Mund-Atmen hält die Menschen offensichtlich in einem Zustand unaufgelöster Emotionen und unausgeglichener Energie. Nasenatmung ist sowohl für die geistige wie auch für die physische Gesundheit von Bedeutung.

Doch ist es auch gelegentlich sinnvoll, durch den Mund zu atmen, vor allem wenn man dies mit der Nasenatmung verbindet. Die meisten Menschen atmen, wenn sie sprechen, durch den Mund.

Es ist wertvoll, einige Minuten lang bewußt durch den Mund zu atmen, vor allem morgens und zwischen zwei Atemübungen, die durch die Nase stattfinden.

4. Übung: Nasenatmung mit offenem Mund

In dieser vierten Übung sollst du »zwanzig verbundene Atemzüge« durch die Nase machen und den Mund dabei offenlassen. So atmest du sowohl durch die Nase wie auch durch den Mund.

Mit ein bißchen Übung wirst du feststellen, daß dies die beste Art ist, negative Energie aus dem Körper hinauszubefördern. Die Übung bedarf einiger Geschicklichkeit. Sie erweckt die Intuition.

5. Übung: Lautloses Energieatmen

Diese fünfte Übung ist die aufregendste. Manche Menschen werden währenddessen so euphorisch, daß sie sie am liebsten für immer weitermachen würden. Obwohl die »zwanzig verbundenen Atemzüge« wieder zugrunde liegen, lasse ich den Atemschüler meistens länger darin verweilen.
Man beendet sie am besten mit drei langen, luftgefüllten, geräuschvollen Atemzügen. Sie bedarf einiger Anweisungen:

1. Atme so sanft ein und aus, daß die Luft lautlos ein- und ausgeht.
2. Schließe deine Augen, damit du dich besser auf den Energiefluß konzentrieren kannst.
3. Du wirst spüren: Der Fluß der Energie fühlt sich anders an als der der Luft. Die Menschen spüren oft einen Energiekreis, der sich vom Herzen zur Stirn und wieder zurück bewegt, oder auch von der Stirn zum Herzen.
   Wenn ich diese Übung mache, entspringt in meinem Herzen eine Fontäne, die in meinen Kopf hineinsprüht.
4. Der Sinn dieser Übung ist, sich der Atemenergie bewußt zu werden.
5. Du wirst auf deinen Geist aufmerksam, auf deinen Geist und auf deinen Körper.
6. Es fühlt sich herrlich an.
7. Der sanfte Rhythmus lehrt dich viel über das Atmen.
8. Menschen, die Atemschwierigkeiten haben, können sich durch diese Übung heilen. Benütze sie, um Erkältungen und eine verstopfte Nase zu heilen. Menschen, die zwanzig Jahre

lang nicht durch die Nase atmen konnten, konnten es danach plötzlich wieder.

9. Es läßt sich damit gut über den Atem meditieren.
10. Es ist schön, eine Weile lang still zu atmen und dann die Atemzüge allmählich zu verlängern. Während du mehr ein- und ausatmest, bemerkst du die Kraft und Energie deines Atems, die sich zusammen mit deiner Energie ausdehnen. Weite es nicht zu schnell aus, sonst wird das Atmen vielleicht anstrengend.
11. Diese Übung lehrt dich alles über den Atem.
12. Versuche es mit einem kurzen Rhythmus. Mache deine Atemzüge so kurz wie möglich und dann so lang wie möglich.

---

6. Übung: Zehn und ein Atemzug

Die sechste Übung lehrt dich, »zwanzig verbundene Atemzüge« in einem anderen Rhythmus durchzuführen – zehn kurze, ein langer, wieder zehn kurze, ein langer. Es ist wichtig, flexibel zu bleiben.
Wenn du deinen Atem meisterst, wird dein Rhythmus natürlich. Es ist wichtig, mit falschen Atemgewohnheiten zu brechen.

7. Übung: Freier Atemstil

In dieser siebten Übung solltest du deinen eigenen Rhythmus und die Anzahl der Atemzüge, die ihn ausmachen, wählen. Dabei hilft dir die Intuition, die dich spüren läßt, wie die Energie mit deinem Atem in dich hineinkommt. Bringe deinen Rhythmus in Übereinstimmung mit dieser Energie. Vielleicht magst du dreimal kurz und einmal lang oder fünfmal lang atmen, oder viermal kurz und viermal lang. Nur du entscheidest deinen Rhythmus.

Denn darum geht es – den Atem angenehm zu machen. Es handelt sich um Inspiration und nicht um eine Disziplin.

Jede Übung bedarf etwa dreißig Sekunden. Alle zusammen sollten drei bis fünf Minuten dauern. Doch kann sie fast niemand alle hintereinander machen, ohne ganz wesentliche Veränderungen zu spüren.

Ich habe es bisher nicht geschafft, sie täglich dreißig Tage lang hintereinander zu machen. Atmen ist wirklich erstaunlich. Wenn du nur eine dieser Übungen ein Jahr lang jeden Tag durchführst, bist du schon gut dabei.

Willst du der Meisterschaft über deinen Atem dreißig Sekunden am Tag widmen?

In der Nase haben wir bestimmte Knoten, die allen Organen des Körpers Energie zuführen. Sie kontrollieren die Körpertemperatur und viele andere grundlegende Funktionen.

Auch die Füße enthalten Punkte, die allen Teilen des Körpers entsprechen. Wir sprechen hier von Reflexzonen. Die Augen enthalten ebenfalls Information über den ganzen Körper und auch die Persönlichkeit, wir sprechen hierbei von Irisdiagnose. Durch Akupressur bestimmter Meridianpunkte können alle inneren Organe erreicht werden. Auch durch die Nase werden alle Teile des Körpers erreicht.

Atmen ist gut für die Verdauung wie für alle Organfunktionen des Körpers.

Das Hyperventilationssyndrom

Ein Vormittag in einer kleinen Stadt im Mittelwesten. Der Chor der Vorschule probt. Ein Junge fällt in Ohnmacht. Verschiedene andere Kinder fallen kurz darauf ebenfalls um. Einige beginnen zu würgen, andere fangen an, schrecklich zu schluchzen oder werden hysterisch.

In kürzester Zeit sind alle Kinder des Chors hysterisch geworden. Was muß sich der Musiklehrer wundern! Sein Chor hat sich plötzlich in eine schreiende Masse verwandelt, während einige Kinder wie tot zu Boden fallen. Er muß sich fürchterlich erschrecken.

Das Geheimnis weitet sich aus.

Ohne daß irgend jemand Nachricht von der Situation bekommen hätte, erfaßt die Kinder in verschiedenen anderen Klassenzimmern die gleiche Hysterie. Von den vierhundert Schülern dieser Schule werden hundert von diesem seltsamen Verhalten ergriffen. Die Direktorin der Schule läßt die Schule sofort evakuieren, als sie hört, daß Schüler in verschiedenen Klassenzimmern das gleiche Verhalten an den Tag legen.

Alle betroffenen Schüler werden ins Krankenhaus gebracht. Die anderen gehen nach Hause. Polizei und Feuerwehr kommen, um nach Bomben oder undichten Gasleitungen Ausschau zu halten. Man findet nichts.

Vier Stunden lang ist die Schule ein einziges Durcheinander.

Doch die Symptome der Schüler verschwinden so schnell, wie sie gekommen waren, und sie werden gut gelaunt aus dem Krankenhaus entlassen. Die Lehrer stehen vor einem Rätsel. Da sie nicht wissen, woher dies alles kam, wissen sie auch nicht, ob es sich wiederholen wird. Alle fühlen sich hilflos.

Damals wurden medizinische Autoritäten des Staates und der Gemeinde gerufen, um den Fall zu erforschen. Es gab viele Theorien darüber. Erst Monate später erklärte ein Arzt diese geheimnisvolle Epidemie. Er nannte sie das »Hyperventilationssyndrom«.

Hyperventilation bedeutet in medizinischen Begriffen: Überatmen. Überatmen kann eine ganze Serie von Symptomen auslösen, die wir gleich besprechen werden. Bewußtes Atmen ist jedoch nicht überatmen. Bewußtes Atmen ist sanftes, leichtes Atmen. Es kann jedoch die gleichen Symptome hervorrufen. Dies geschieht normalerweise nur in den ersten Sitzungen und verschwindet während eines vollendeten Energiezyklus. Ich konnte beobachten, daß die meisten Menschen während der allerersten oder der ersten ihrer Stunden Hyperventilationssymptome zeigten. Daher glaube ich, daß der wirkliche Grund dieses Symptoms nicht im Überatmen besteht, sondern daß die Ursache auf die Gewohnheit der Unteratmung zurückzuführen ist, die die Menschen in ihrem Leben entwickeln und unbewußt weiterführen.

Diese Hyperventilationssymptome hören normalerweise bis zur zehnten Sitzung auf. Wenn sie nach zehn vollendeten Sitzungen immer noch stattfinden, bedeutet dies meistens, daß der Mensch ein extremes Geburtstrauma oder Todessehnsucht hat, oder auch, daß er eine gewalttätige Kindheit erlebt hat. In diesen Fällen sollte er sich einer Therapie unterziehen. Kinder können Todessehnsucht von ihren Großeltern, Eltern oder von irgend jemandem, den sie lieben, übernehmen.

Kinder haben mit dem Hyperventilationssyndrom weniger Probleme als Erwachsene, denn sie haben weniger Spannungen angehäuft. Deshalb ist es so wichtig für die Gesundheit unseres Landes, Kindern das Atmen beizubringen.

Es ist jedoch für Lehrer unerläßlich, sich genau auszukennen, was das Hyperventilationssyndrom angeht, so daß sie es erkennen, wenn es auftritt. Es kann plötzlich bei einem einzigen Schüler auftauchen oder auch bei einer Gruppe, wie in dem oben erzählten Vorfall. Der geschilderte Fall ist kein isoliertes Ereignis. Eine ähnliche Art von Massenhysterie ist auch in anderen Schulen ausgebrochen, ebenso in Fabriken, Büros und an anderen Arbeitsplätzen.

Wie schon gesagt, kommt das Hyperventilationssyndrom nicht vom Atmen, sondern eher von den gehemmten Atemgewohnheiten. Bewußtes Atmen heilt Hyperventilation. Jeder vollendete Energiezyklus befreit Menschen davon. Nach mehreren solchen Energiezyklen atmen die Menschen freier und voller und zeigen keine Hyperventilationssymptome mehr. Ohne angesammelte Anspannungen oder einen geschädigten Atemmechanismus verursacht bewußtes Atmen nur einen sanften und angenehmen Energiefluß. Wenn man nicht bereit ist, durch diese Symptome hindurchzugehen und die Anspannungsmuster, durch die sie verursacht werden, loszulassen, häufen sich die Spannungen immer weiter an, bis es zu Krankheit oder Tod kommt. Bewußtes Atmen hat schon viele Menschen geheilt, die Krankheiten wie Asthma, Herzprobleme, Krebs, Migräne, Verbrennungen oder Zahnprobleme hatten. Es gibt unendliche Heilungswunder, die auf einen einfachen Atemrhythmus zurückzuführen sind.

Meine Theorie besagt, daß Hyperventilation die spontane Heilung für gehemmtes Atmen ist. Sie sollte deswegen eher ermutigt als entmutigt werden. Wenn man sie als ein normales Freilassen von Energie behandelt, anstatt als eine gefährliche Krankheit, vergeht sie genauso schnell, wie sie gekommen ist.

Zu den erstaunlichsten Dingen, die ich jemals gesehen habe, gehörte es, den Körper zu beobachten, wie er Symptome einer Beeinträchtigung aufzeigt, und zu verfolgen, wie ein sanfter Atemrhythmus diese Symptome verscheucht. In Wahrheit haben Ärzte und Heiler nur deshalb gute Resultate, weil der Patient weiter atmet. Atmung ist der Urgrund aller Heilung. Jeder Mensch besitzt ein unglaubliches Potential in seinen Lungen, ein Potential für Heilung und für Freude. Dieses Potential wird durch »zwanzig verbundene Atemzüge« erweckt. Noch schneller geht es, wenn man zehn Atemsitzungen mit einem ausgebildeten Atemlehrer unternimmt.

Das Hyperventilationssyndrom stellt den schwierigsten Teil dessen dar, den es zu lehren gibt. Es ist deshalb wichtig, daß jeder Lehrer dies versteht und darüber hinauswächst. Ich würde sogar sagen, jeder Lehrer muß es aus eigener Erfahrung kennen. Durch den Atem konntest du bei deiner Geburt überleben. Wenn du die Erinnerung daran noch immer nicht aus deinem Körper entfernt hast, wird dir der Atem auch ermöglichen, die Hyperventilationssyndrome, die du aus deinem Geburtstrauma mitbringst, loszuwerden.

Diejenigen Schüler, die einmal täglich die »zwanzig verbundenen Atemzüge« ausgeführt haben, werden die im folgenden aufgezählten Symptome wahrscheinlich nicht haben. Und wenn sie sie doch haben, werden sie sich nicht so sehr erschrecken, oder sie werden keinen Schmerz fühlen.

Im letzten Kapitel habe ich euch sieben verschiedene Arten der »zwanzig verbundenen Atemzüge« beigebracht. Wenn man diese Übungen jeweils einmal am Tag eine Woche lang durchführt, tritt das Hyperventilationssyndrom vielleicht gar nicht auf. Und falls doch, hat man die Wahl, seine Schüler durch einen vollständigen Energiezyklus hindurchzuführen oder langsamer vorzugehen.

Vollendete Energiezyklen sollten einzeln in Privatsitzungen durchgeführt werden. Es handelt sich nämlich um Erfahrungen, die einen sehr hohen Wert haben. Es ist meiner Meinung nach notwendig, die vollendeten Energiezyklen im Rahmen des bewußten Atmens nicht in Gruppen, sondern wenigstens in den ersten zehn Sitzungen einem Schüler alleine zu geben. Der Atmende verdient die vollständige Aufmerksamkeit eines zuständigen Atemführers. Wenn du erst einmal etwas Erfahrung damit gesammelt hast, wirst du wissen, warum.

Obwohl die meisten keine Schwierigkeiten mit dem Hyperventilationssyndrom haben, ist es denjenigen gegenüber, die darunter zu leiden haben, nicht gerecht, sie dies in einer Gruppensituation erleben zu lassen. Es ist besser, es geschieht privat, in einer bequemen Umgebung, wo man liegen kann. In Schulen sollte sich das Personal darin auskennen und immer bereit sein, sich mit einem Menschen zu befassen, der hyperventiliert, bis wirklich alle Schüler und Lehrer gelernt haben zu atmen.

In den Fällen, in denen man mit dem Atmen zu schnell vorangegangen ist, hatten die meisten in den ersten Sitzungen Hyperventilationssymptome.

Hyperventilation ist ein viel diskutiertes Thema. Und es ist wichtig, nicht unverantwortlich damit umzugehen. Es reicht nicht, einfach nur darüber zu lesen. Man muß selber Erfahrung damit gesammelt haben. Man muß selber wenigstens zehn Energiesitzungen hinter sich gebracht haben. Du selbst wirst wissen, wann du in der Lage bist, andere da hineinzuführen.

Die meisten Menschen experimentierten mit der Hyperventilation, als sie Kinder waren. Kannst du dich daran erinnern, wie du fest atmetest und dann deinen Atem anhieltest, bis dir schwindlig wurde? Für Kinder ist das ein interessantes Experiment. Plötzliche Hyperventilation geschieht jeden Tag in irgendwelchen Schulen. Es ist wichtig, daß diese Schulen und ihre Lehrer darüber Bescheid wissen. Während die spirituelle Energie auf diesem Planeten zunimmt, kann es plötzlich jedem geschehen, der nicht weiß, wie man richtig atmet.

Atmen ist genauso wichtig wie essen. Man lehrt die Menschen, bewußt zu essen, aber nicht, bewußt zu atmen. Und dabei ist es mindestens genauso wichtig.

In dem Vorfall, von dem ich euch weiter oben erzählte, als in einer Schule im Mittelwesten Hyperventilation auftrat, wurde eine Sache in den Berichten erwähnt, die sich die Mediziner wahrscheinlich nicht erklären konnten. Und dennoch ist mir und meinen Mitforschern dieses Phänomen wohlbekannt. Als die ganze Schule evakuiert wurde, soll angeblich ein seltsamer Geruch zurückgeblieben sein. Die Feuerwehr untersuchte dies, konnte aber nichts finden. Meiner Ansicht nach rührte dieser Geruch von dem sogenannten »Anästhesie-Phänomen«. Ich untersuchte hunderttausend Fälle von Hyperventilation und fand heraus, daß normalerweise nur diejenigen in Ohnmacht fallen, die während ihres Lebens Anästhesien über sich haben ergehen lassen. Wir kamen zu der Theorie, daß schnelles Atmen die letzten Reste der Anästhesie, die sich noch im Körper befinden, aus dem Körper herauspumpt. Auf dem Weg aus dem Körper heraus wirkt der Anästhesiestoff ähnlich wie auf dem Weg nach innen. In vielen Fällen konnten wissenschaftliche Beobachter dies in der ausgeatmeten Luft riechen. Der Mensch, der atmet, kann es sogar schmecken.

Hunderte von medizinischen Beobachtern haben diese Theorie während der letzten vier Jahre unterstützt. Inzwischen werden an einigen Universitäten Forschungsprojekte über dieses Phänomen durchgeführt.

Hier gebe ich dir eine Liste von Symptomen, die bei dem Hyperventilationssyndrom auftreten können:

- Schnelles Atmen
- Beschwertes oder schweres Atmen
- Unfreiwilliges Atmen
- Atemschwierigkeiten, einschließlich Asthmaanfälle
- Ein Kribbeln oder Vibrieren in Händen oder Füßen
- Erstickungsanfälle
- Vorübergehende Lähmung oder Krämpfe
- Schwindel im Kopf
- Hysterisches Weinen
- Irrationale Ängste oder Terrorgefühle
- In Ohnmacht fallen
- Das Gefühl, den Körper zu verlassen
- Heftiger Druck auf bestimmte Teile des Körpers
- Starker Energiefluß
- Sich verändernde Körpertemperatur
- Starkes Schwitzen oder Schüttelfrost
- Verwirrung
- Kopfschmerzen
- Rötungen am Körper
- Spirituelle oder religiöse Visionen
- Dramatische telepathische Erfahrungen
- Übelkeit
- Summen oder Läuten in den Ohren

- Geburtserinnerungen oder traumähnliche Zustände
- Euphorie oder Glückszustände
- Farbphantasien oder lebhafte Wahrnehmung von Farben
- Erfahrungen von Tod und Wiederauferstehung.

Die meisten dieser Symptome haben ihre Ursache in psycho-physischen Erinnerungen.
So können die starken Krämpfe als unterdrückte Spannungen, die in der Kindheit angesammelt und im Hirn gespeichert wurden, erklärt werden. Die Lähmungserscheinungen lassen den Körper in den intensivsten Augenblicken die Fötus-Stellung einnehmen. Große Traurigkeit kann mit der unendlichen Traurigkeit in Zusammenhang gebracht werden, die Kinder manchmal während ihrer Geburt oder in ihren ersten Jahren fühlen. Angst läßt sich auf Erinnerungen an die Wehen bei der Geburt zurückführen oder an den »Hinauswurf«, an die frühe Trennung von der Mutter.
All diese Symptome treten einige Minuten lang auf und hören dann auf, wenn man weiteratmet. Sie werden durch Gedanken und Gefühle, die man in der Vergangenheit gehabt hat, verursacht. Ein Symptom ist die Manifestation eines alten negativen Gedankens in deinem Körper. Durch den Atem kannst du ihn loslassen. All diese Symptome bedeuten, daß eine Heilung im Gange ist. Entweder heilt der Geist den Körper oder anders herum. Doch jedenfalls bringt Atmung Heilung. Alles kann damit geheilt werden.
Heilung geschieht durch Denken, Atmen, Berührung, Bewegung, Meisterschaft über das Essen, Feuer, Baden und liebevolle Handlungen. Lerne, deine Gedanken zu verändern, intuitiv zu atmen, an einem Feuer zu sitzen, täglich zu baden, zu fasten, deinen Körper massieren zu lassen, und du wirst jede bekannte Krankheit heilen können.
Natürlich erleben Menschen nicht alle die oben genannten Symptome bei einer normalen Sitzung. Doch die meisten fühlen das eine oder andere davon, manchmal auch die angenehmen. Selten tun diese Symptome weh. Die meisten Menschen finden diese

Phänomene interessant oder sogar witzig. Man fühlt zwar regelrecht in seinem Körper, daß etwas passiert, aber regelmäßiges rhythmisches Weiteratmen läßt dies wieder in wenigen Minuten verschwinden. Man fühlt sich danach frei und rein. Wenn man einmal weiß, daß man diese Symptome während einer Sitzung in bewußtem Atmen wegatmen kann, so kann man bei jeder mentalen oder physischen Krankheit darauf zurückgreifen. Das Symptom wird nicht durch den Atem verursacht. Die Entspannung erlaubt dem negativen Gedanken, sich zu zeigen. Und dann wird durch weiteres Atmen und weiteres Entspannen dieses Symptom ausgeschaltet. Ebenso wie dieses Symptom verschwindet auch seine Ursache – ein Gedanke.

Alkohol- und Drogensüchtige werden durch bewußtes Atmen geheilt, denn das Gefühl, in das sie eintreten, ist den Wirkungen der Drogen überlegen. Bewußtes Atmen füllt Geist und Körper mit guter, reiner, hoher Energie. Tägliches bewußtes Atmen macht das Leben zu einer beständigen Freude.

Bewußtes Atmen ist nicht Hyperventilation sondern ein entspannter Atemrhythmus. Und dennoch erfährt ein bestimmter Prozentsatz von Atemschülern Hyperventilationssymptome, vor allem während ihrer ersten Sitzungen oder wenn sie lange nicht mehr richtig geatmet haben, und auch dann, wenn ein bedeutendes emotionales Symptom heraufkommt. Dann ist es angebracht, die verbundenen Atemzüge zu machen. Wenn man täglich bewußt atmet, so wie man täglich ißt, bleiben Blut und Energiekörper gesund.

Was ist bewußtes Atmen?

Bewußtes Atmen ist eine physische, mentale und spirituelle Erfahrung, doch vor allem eine physische und spirituelle. Denn Gefühle sind normalerweise voll und intensiv, während rationale Gedanken oft unbedeutend sind.

Verbinde Einatmen mit dem Ausatmen in einem entspannten Rhythmus. Dein Atem fühlt und hört sich wie ein ungebrochener Kreis an. Entspanntes Atmen bedeutet volles Ein- und Ausatmen, aber nicht forciertes. Dein Atem sei nicht zu langsam und nicht zu schnell. Atme vor allem durch die Nase ein, doch es ist auch in Ordnung, gelegentlich durch den Mund zu atmen. Bewußtes Atmen geschieht hauptsächlich in der Brust. Es geht hier um die Lungen und nicht so sehr um den Bauch.

Das Wichtigste am bewußten Atmen ist die spirituelle Dimension. Es geht weniger um die Luftbewegung, sondern um die Bewegung von Energie. Atme entspannt und zusammenhängend während einiger Minuten. Du wirst die dynamische Energie erfahren, die durch deinen Körper fließt. Hier verbinden sich Geist und Materie. Es hat nichts mit dem Tempo deines Atmens noch mit der Tiefe deiner Atemzüge zu tun. Intuitiv wirst du die Kraft dieser Energie spüren und lenken. Du mußt experimentieren, dann findest du die Wahrheit darüber heraus. Den Energiefluß fühlst du als ein Kribbeln oder Vibrieren in Teilen deines Körpers oder in seiner Gesamtheit.

Dein Körper wird mit reiner Lebensenergie gefüllt. Dein Geist und Körper werden von Anspannungen und Unreinheiten befreit. Bewußtes Atmen reinigt den physischen und emotionalen Körper. Es nährt sie mehr als jedes Essen.

Ein vollendeter Energiezyklus ist eine biologische Gotteserfahrung. Bewußtes Atmen erlaubt dir, den Geist im Körper zu spüren. Es führt zu einer physiologischen Erfahrung der menschlichen Aura.

Bewußtes Atmen ist eigentlich nicht mehr, als ein Bewußtsein für seine Atmung zu entwickeln. Es ist eine Fähigkeit, die du ganz natürlich in dir trägst. Du kannst sie aktivieren, indem du dich auf deinen Atemrhythmus konzentrierst und achtsam wirst. Einige Menschen unterdrücken diesen sanften Fluß der Atemenergie aus alter Gewohnheit und aus Angst vor tiefliegenden Erinnerungen.

Wenn man nicht auf die Hyperventilationssyndrome vorbereitet ist, die durch die Atemmeditation aktiviert werden können, erschreckt man sich möglicherweise vor diesen unbekannten Erscheinungen. Natürlich mußt oder darfst du das Drama deiner psychophysischen Erinnerungen ausleben. Bewußtes Atmen wirkt schnell, es ist fast nur angenehm und auf jeden Fall erstaunlich. Richtiges Atmen ist natürlich und wunderbar.

Es handelt sich um eine Inspiration, nicht um eine Disziplin. Du trägst die Kraft in dir, die du brauchst, um den Atemrhythmus aufrechtzuerhalten. Diese Kraft ist der Atem des Lebens. Sie heilt und nährt. Wenn du dich auf die Quelle deines Atems konzentrierst und in einem ungebrochenen Kreis ein- und ausatmest, wirst du immer an diese Energie herankommen. Die Einheit des Atmens führt dich in die Erfahrung der Einheit des Seins.

Der Atem des Lebens selbst wird dir seine Geheimnisse verraten – während du atmest.

Energiekörper

Die bewußte Pflege deines Energiekörpers wird dich gesund, freudig und auf hohen Schwingungen erhalten. Die meisten Menschen wissen gar nicht, daß sie einen Energiekörper besitzen. Und sie wissen erst recht nicht, wie sie ihn hüten können. Bewußtes Atmen ist vor allem dazu da, diesen Energiekörper täglich zu reinigen und auszugleichen. Es ist genauso wichtig wie baden, Zähne putzen oder essen. Im tiefen Schlaf atmen wir alle zusammenhängend, deshalb schlafen wir. Der Vorteil, verbundene Atemzüge zu machen, während wir wach und bewußt sind, geht weit über den Nutzen des Schlafes hinaus. Baden trägt dazu bei, den Energiekörper rein zu halten. Im Schlaf kommt er ins Gleichgewicht. Und eine richtige Auswahl an Nahrungsmitteln erhält die Energie. Fasten ist eine der wertvollen Künste, um Meister der mentalen und physischen Gesundheit zu werden. In anderen Worten, die richtige Menge essen bedeutet meistens weniger essen. Anfänger sollten während eines Jahres mindestens einmal in der Woche fasten. Es ist harmlos und wohltuend, einmal in der Woche zu fasten. (Man darf ruhig Säfte trinken, bis man den Rhythmus seines eigenen Körpers kennt.)

Vorteile bewußten Atmens

Die tägliche Ausübung bewußten Atmens erhält dich in geistiger und körperlicher Hinsicht gesund. Du bekommst die Kraft, dich selbst zu heilen. Denn es ist die Kraft, die alles, was wir kennen und nicht kennen, heilt. Dein Selbstvertrauen und deine persönlichen Fähigkeiten werden zunehmen. Es kann auch die sogenannten unheilbaren Krankheiten heilen. Atmung heilt. Hör auf zu atmen, und du wirst sehr, sehr krank werden.

Durch bewußtes Atmen wirst du dich schnell erholen. In den Schulen fallen die Kinder plötzlich weniger Tage aus. Dies gilt auch für Arbeitsplätze, Angestellte werden zuverlässiger und freundlicher. Vor allem dann, wenn ein Mensch zehn Sitzungen durchlaufen hat und ein bewußter Atmer genannt werden kann. Bewußtes Atmen kann sofort irgendeinen Schmerz stillen.

Ein vollständiger Energiezyklus reinigt das Nerven- und Kreislaufsystem und den Energiekörper. Manchmal dauert es nur einige Minuten, manchmal ein paar Stunden.

Die ersten zehn Mal

Falls du bisher noch nicht jeden Tag bewußt geatmet hast, dann ersparst du dir möglicherweise einigen Schmerz, Elend und Krankheit, wenn du dir wenigstens zehn Sitzungen von jeweils ein bis zwei Stunden mit einem gut ausgebildeten Atemlehrer oder -führer vornimmst.

Die Sitzung wird meist im Liegen ausgeübt. Der Atemrhythmus wird dahingehend geführt, daß ein vollendeter Energiezyklus stattfindet. Die ersten fünf bis zwanzig vollendeten Energiezyklen, die man möglicherweise in einer Woche hinter sich bringen kann, scheinen in dem Menschen genügend Anspannung und emotionale Blockaden zu lösen, daß danach bewußtes Atmen ohne Behinderung stattfinden kann. Es hilft wirklich, am Anfang einen Atemführer bei sich zu haben. Lehrer verlangen zwei bis zweihundert Mark pro Sitzung, je nachdem, wie sie sich selbst einschätzen und wie zahlungsfähig du bist – man kann darüber verhandeln. Wenn du etwa die gleiche Summe deiner Monatsmiete in zehn einfache Atemstunden investierst, wirst du vielleicht den größten Gewinn daraus erzielen, den du je in deinem Leben gemacht hast. Dieser Gewinn wird immer bei dir bleiben. Wenn du dich selber daranmachst und steckenbleibst oder Angst bekommst, suche dir einen Lehrer. Und sonst versuche, den Atemrhythmus nach dem Schlaf einer Nacht zu finden. Atme jeden Tag ein wenig, bis du dich damit sicher fühlst und das Ergebnis spürst. Vor deinem eigenen Atem Angst zu haben, führt zum Tode.

Zwanzig verbundene Atemzüge

Versuche es. Atme sanft ein. Und entspanne dich, wenn du ausatmest. Zähle in Gruppen von fünf. Beim fünften Atemzug fühlst du deinen ganzen Körper beim Einatmen. Atme in die Brust, in den Bauch, in den Kopf, in die Zehen. Aber laß den Atem sofort wieder heraus, wenn du voll davon bist. Halte ihn nicht fest. Es ist völlig harmlos, ein- bis zweimal am Tag »zwanzig verbundene Atemzüge« zu machen.

Praktische Ziele

Unser ganzes Erziehungssystem sollte bewußtes Atmen mit einbeziehen. Auch in der Wirtschaft sollte es gelehrt werden. Die Lebens- und Arbeitsqualität verbessert sich drastisch, wenn Menschen zu atmen verstehen.
Der Atem ist ein Element des Himmels, hier auf Erden.
Wenn Hyperventilation eintritt, versucht der Atem des Lebens, sich auf dramatische Weise von der unbewußten Vernachlässigung eines ganzen Lebens zu befreien. Wenn man genauer hinsieht, so sind diejenigen Menschen, die Hyperventilationssymptome erleben, Menschen, die ihr Leben lang in einer sicheren

Umgebung gelebt haben. Ich schaute mich nach gemeinsamen Faktoren der Menschen um, die hyperventilierten. Das waren diejenigen, die sich in ihrem eigenen Geist sicher fühlten, sicher genug, um den Mut zu besitzen, nach der Quelle ihrer eigenen Ängste und Sorgen zu suchen, anstatt vor ihnen wegzulaufen. Die meisten meiner Schüler sind abenteuerlustig. Sie sind bereit, mit dem Leben zu experimentieren und sich selbst zu vertrauen. Sie übernehmen die Verantwortung für sich selbst in mentaler, spiritueller und physischer Hinsicht.

Hyperventilation ist dein Geist, deine persönliche Lebendigkeit, dein Atem, der aus dem Gefängnis eines angespannten, überaktiven Lebens ausbricht. Der menschliche Atem ist der größte Heiler. Die Tatsache, daß man täglich und die ganze Lebensspanne hindurch atmet, wird als selbstverständlich hingenommen und manchmal regelrecht gehemmt. Die Kunst des Atmens ist Tausende von Jahren in Indien gelehrt worden. Doch seltsamerweise wissen die Menschen im Westen darüber weniger als über irgendeine andere Aktivität. Es ist kaum zu glauben! In den Vereinigten Staaten lehren nur die eingeborenen Amerikaner die Wahrheit über das Atembewußtsein.

Wie alles, ist Hyperventilation für Hypochonder etwas Ungeheueres. Und dennoch ist es weniger beängstigend und schmerzvoll als ein normaler Besuch beim Zahnarzt, vor allem, wenn ein erfahrener Lehrer dabei ist. Es kann Spaß machen und regelrecht interessant sein. Jedenfalls kommt es intelligenten und abenteuerlustigen Menschen so vor. Es ist aufregend. Du entdeckst, daß dein Geist in der physischen Welt und in deinem Körper aktiv ist.

Einen guten Atemlehrer zu finden, ist genauso wichtig, wie einen guten Arzt oder Anwalt zu haben. Frage einfach einige am Telefon, sprich auch mit ihren Schülern. Du kannst dir sicher ein Seminar oder eine Gruppe leisten. Früher oder später findest du den richtigen Atemlehrer und machst deine zehn Sitzungen. Nach zehn Sitzungen ist es ratsam, verschiedene andere Lehrer auszuprobieren. Doch während der ersten zehn Sitzungen sollte man, wenn möglich, bei dem gleichen bleiben. Dein Lehrer wird deine Atemmuster und deine Lebensmuster studieren. Tausche Sitzungen mit anderen Schülern, damit du Erfahrungen mit anderen Lehrern bekommst.

Jeder Notdienst im Krankenhaus kennt Menschen, die mit dramatischen Hyperventilationssymptomen eingeliefert werden. Es kann sehr verwirrend sein, wenn die Energie aus den Armen oder aus Energiekonzentrationen hinausfließt oder in deinem Körper verrückt zu spielen scheint. Normalerweise haben die Menschen, denen das geschieht, noch nie etwas vom Hyperventilationssyndrom gehört. Sie wissen nicht, daß die Symptome nur wenige Minuten oder allerhöchstens wenige Stunden anhalten.

Insoweit diese Erfahrungen Geburtserinnerungen sind, werden in solchen Augenblicken ganze Ansammlungen von Angst freigelassen. Wehen und Ausstoßen bei der Geburt sind meistens die ersten Erfahrungen persönlicher Angst. Diese Erfahrungen zerstörten unser Zuhause im Mutterleib. Deshalb ist die Angst vor nicht wiedergutzumachendem Schaden die grundlegende Angst des Menschen. Es ist im Grunde die Todesangst.

Manche Menschen erleben Hyperventilation, wenn sie alleine zu Hause sind, und wissen nicht, worum es sich dabei handelt. Wenn die Energie in deinem Körper anfängt, sich zu bewegen, scheint Gott die Hand im Spiel zu haben. Der einzelne kann sie nicht kontrollieren. Aber wenn du dich einfach entspannst und atmest, werden alle Symptome, einschließlich der Angst, vorübergehen. Am Ende einer Hyperventilationserfahrung fühlst du dich still und ruhig. Doch leider haben die Menschen die Neigung, mitten in der Erfahrung ins Krankenhaus zu rasen, anstatt sich zu entspannen und weiterzuatmen, bis es vorbei ist.

Die Erfahrung scheint dir ein großes Geheimnis.

Wenn du nichts über Hyperventilation und vollendete Energiezyklen weißt, bekommst du vielleicht große Angst davor und damit auch Angst vor dem Atmen. Dies ist eine Tragödie.

Andererseits kann die Energie, die sich in deinem Körper und Kopf bewegt, dir die tiefsten spirituellen Visionen und religiösen Erfahrungen eröffnen.

Einfaches Atmen vermittelt eine biologische Gotteserfahrung, dies meint, du erfährst die Energie in deinem physischen Körper. Jede göttliche Gabe ist gleichzeitig eine Quelle von Angst.

Das Ziel des bewußten Atmens ist, die Hyperventilationssymptome zu überwinden. Benütze den Atemrhythmus täglich, um deinen physischen und energetischen Körper zu reinigen und auszugleichen und um sie mit frischer Lebensenergie zu nähren.

Deine Lebensenergie möchte frei werden und ausbrechen. Sie möchte deine Hemmungen heilen. Sie möchte dich heilen. Dies wirst du sehen, wenn du die Energiezyklen vollendet hast.

Geist und Atem sind die Könige des Bewußtseins.

Der Atem ist die Kraft des Geistes. Doch dem Geist wohnt die Intelligenz inne, diese Kraft zu lenken.

Deshalb arbeite auch mit deinen Gedanken. Lerne und lehre Affirmationsprinzipien und -ausübung. Es ist ebenso wichtig wie das Atmen.

Starrkrämpfe

Das am häufigsten auftretende Symptom bei der Hyperventilation ist der Starrkrampf. Es handelt sich um Krämpfe, Lähmung oder den sogenannten Hummer-Effekt. Er findet dann statt, wenn Menschen Angst vor der starken Energie haben, die durch Arme und Beine fließt. Die physischen Wahrnehmungen und Symptome werden nicht durch den Atem oder den Energiefluß verursacht, sondern durch Anspannung und Widerstand gegen diesen Energiefluß. Manchmal spürt man ein Prickeln oder Vibrieren, das langsam beginnt, stärker und intensiver wird und dann schließlich wieder zurückgeht. Das kann einige Minuten dauern oder sogar eine Stunde lang. Doch in den seltensten Fällen dauert es länger als eine Stunde.

Jeder, der sich durch einen vollendeten Energiezyklus hindurchgeatmet hat, weiß, daß der verbundene Atemrhythmus diese Gefühle, die aus alten, gespeicherten Anspannungen entstehen, auflöst. Statt dessen fühlt man eine sanfte Energie, die äußerst angenehm sein kann.

Seit 1974 haben unzählige Menschen bewußtes Atmen gelernt. Viele haben dabei Krämpfe. Ungefähr die Hälfte, würde ich sagen. Je zivilisierter der Mensch ist, desto mehr Probleme hat er. Bauern und Menschen, die auf dem Land leben, haben weniger Probleme, vielleicht einfach deshalb, weil sie sich mehr bewegen und reinere Luft einatmen.

Die meisten Menschen haben während der ersten paar Sitzungen Krämpfe. Sie treten auch auf, wenn eine starke negative Emotion frei wird. So haben Menschen, die etwa fünfundzwanzig bis fünfzig Sitzungen unter der Führung eines Lehrers im Jahr mitmachen, bei etwa fünf Sitzungen Starrkrämpfe.

Man kann die Gefahr des Starrkrampfes verringern, wenn der Atemschüler vor seiner ersten Sitzung während eines Monats täglich die »zwanzig verbundenen Atemzüge« durchgeführt hat. Fast jeder Psychologe, der sich mit bewußtem Atmen beschäftigt, benützt während einer gewissen Phase seiner Berufsausübung diesen einfachen Atemrhythmus als eines der Hauptinstrumente, denn es handelt sich um eine der wirkungsvollsten Methoden. Dennoch scheint der Starrkrampf vor allem durch starke negative Gefühle hervorgerufen zu werden. Die Menschen erleben oft tiefe, wunderbare emotionale Befreiungen während der ein- bis zweistündigen Sitzungen mit verbundenem Atem.

Meiner Beobachtung nach haben die meisten Menschen während einer der ersten fünf Sitzungen Starrkrämpfe. Danach kommt es kaum noch vor. Offenbar kommt der Starrkrampf erst zustande, wenn man sich in Sicherheit wiegt. Und erst wenn dieses Gefühl der Sicherheit und Entspannung tief genug ist, findet er nicht mehr statt. Man geht darüber hinaus.

Diejenigen, die noch nach zehn Sitzungen Schwierigkeiten mit Krämpfen haben, haben meistens ein ziemlich schlimmes Geburtstrauma erlebt, oder sie haben einen Todestrieb, oder sie wurden als Kinder geschlagen. In solchen Fällen braucht der Betreffende möglicherweise, abgesehen von Atemanweisungen, auch eine Therapie.

Schmerz fühlt man meistens nur während einer oder zwei Erfahrungen. Die meisten Menschen mögen die starke Vibration, die sich bei den Sitzungen entwickelt. Sie finden es erstaunlich. Diese Menschen würde ich abenteuerlustig nennen.

Diejenigen, die während mehr als einer oder zwei Sitzungen Krämpfe haben und hyperventilieren, haben meistens vor dem Symptom selbst und vor physischen Gefühlen im allgemeinen Angst. Solche Leute haben meistens angsterfüllte Persönlichkeiten.

Verkrampfen gehört offenbar zu dem Lernprozeß des Atmens. Für die meisten Menschen ist diese Erfahrung angenehm und heilend.

Freisetzung von Energie

An irgendeinem Punkt während des bewußten Atmens wird man wieder mit der göttlichen Energie verbunden. Das physisch spürbare Ergebnis davon ist ein Vibrieren und Prickeln im Körper. Bei verschiedenen Menschen beginnt es an unterschiedlichen Stellen. Wenn man bewußt atmen gelernt hat, fühlt man es meistens im ganzen Körper. Diese Energie verbindet deinen Körper wieder mit der universalen Energie, indem durch die Vibrationen deine Spannungen herausgelassen werden. Diese Spannungen sind die Manifestation der negativen mentalen Masse. Man kann dies auf Dauer auflösen, indem man einfach weiteratmet, während der Körper vibriert und prickelt.

Gib dich der Wiederverbindung mit deiner göttlichen Energie hin. Die wichtigsten Punkte bei der Energiefreisetzung sind:

- Durch Entspannung verbinden sich der innere und äußere Atem. Damit öffnet sich der Atem.
- Wenn dies geschieht, erfährt man bei der Verschmelzung des Ein- und Ausatmens das Unendliche Sein auf der physischen Ebene.
- Dieser Atemzyklus reinigt Geist und Körper. Dazu muß man nicht unbedingt Vibrationen spüren.
- Wenn jedoch Widerstand oder Angst vorhanden sind, wird der Körper unweigerlich vibrieren und prickeln. Die Vibration selbst ist nicht die Energie, sondern der Widerstand gegen diese Energie. Und dennoch wird man durch die Vibration gereinigt. Man sollte sie deshalb willkommen heißen. Widerstand entsteht durch negative Gedanken, die seit langem in Geist und Körper eingeprägt sind. Nach einem vollständigen Atemzyklus hat sich der Widerstand gelöst. Der Mensch beginnt schneller zu atmen. Und er spürt kein Prickeln mehr. Es ist wichtig, sich dies zu merken, damit man weiß, daß schnelles Atmen das Prickeln überwinden hilft. Denn die meisten Menschen nehmen an, daß es gerade durch das schnelle Atmen verursacht wird.

- Schnelles Atmen bedeutet, negative Gedanken und Spannungen aus dem Körper hinauszupumpen. Ebenso gehört das Vibrieren zum Reinigungsprozeß.
- Nach dieser Reinigung atmet man mit jedem Atemzug göttliche Energie ein. Man hat kein entsprechendes physisches Gefühl mehr. Aber man wird bald feststellen, daß man sich vitaler und gesünder fühlt und daß es einen glücklich macht.
- So löst die Freisetzung von Energie den Widerstand gegen die göttliche Energie auf. Dies findet manchmal auf so dramatische Weise statt, daß einige Menschen vor der heftigen Vibration erschrecken und versuchen, sie zu stoppen. Doch diese Energie ist deine eigene Lebenskraft. Hindere sie nicht. Wenn du in dem Moment aufhörst, in dem diese Energie sich gerade in deinem Körper zu bewegen beginnt, wirst du noch enger werden, dich verkrampfen oder auch für einige Augenblicke gelähmt sein.

Laßt uns betrachten, was in diesem Augenblick in unserem Kopf vor sich geht. Der Körper spürt plötzlich wieder den angenehmen Zustand, den er vom Mutterleib her kennt. Doch das letzte Mal, als du dich so fühltest, wurdest du geboren. Das war eine traumatische Erfahrung. Deshalb glaubst du, daß auch jetzt wieder etwas Schreckliches geschehen wird. Das Wohlgefühl des Mutterleibes führte unweigerlich zum Schmerz des Geburtstraumas. Wenn also durch die Vibration ein angenehmer Zustand verursacht wird, stellt sich automatisch auch die Angst vor dem »Unausweichlichen« ein (was aber nie eintritt). Oft geschieht es uns, wenn wir etwas Angenehmes erfahren, daß wir uns auf den Preis dieser Erfahrung vorbereiten. Deshalb verbieten wir uns auch öft die angenehmen Dinge. Die durch das Atmen verursachten Vibrationen erschrecken uns deshalb, anstatt uns angenehm zu erscheinen. Wir weisen das Gefühl unserer eigenen Lebenskraft zurück. Wenn du jedoch diese Vibrationen unterbrichst, kann ein schmerzhafter Konflikt in dir beginnen, der dich zeitweise regelrecht lähmt. Diese Lähmung wird durch Widerstand verursacht.

Wir geraten in einen Konflikt. Einerseits wollen wir, andererseits wollen wir nicht, wie schon bei der Geburt; einerseits wollten wir heraus, andererseits wollten wir drin bleiben. Es handelt sich um eine Angst vor nicht wiedergutzumachendem Schaden: »Wenn ich den Mutterleib verlasse, gibt es keinen Weg mehr zurück.« Diese Angst vor einem nicht wieder rückgängig zu machendem Wandel ist die Quelle aller Angst (die Angst vor dem Tod hat den gleichen Hintergrund).

Die Lähmung hält meistens zwischen zehn und fünfzehn Minuten an, obwohl die Angst hochkommt, sie könnte dauerhaft sein und nicht wiedergutzumachenden Schaden verursachen. Wenn sie vorbei ist, glaubst du vielleicht, daß die Energie an dieser Lähmung schuld war. Doch das stimmt nicht. Schuld daran waren höchstens die Angst und der Widerstand dieser Energie gegenüber. Wenn du jedoch davon überzeugt bist, daß die Vibrationen, die im Grunde genommen angenehm sind, den wahren Schmerz verursachen, dann bist du immer noch dabei, Widerstand zu leisten. Wenn es dir aber angenehm ist und du dennoch Angst hast, etwas Schreckliches könnte passieren, und wenn dann tatsächlich etwas Schreckliches passiert, schließt du daraus wahrscheinlich, daß du doch recht hast, wenn du es verhinderst. Vielleicht glaubst du, etwas noch Schlimmeres könne geschehen, wenn du dieser Energie nicht Einhalt gebietest. Also wirst du weiter widerstehen, und es wird immer schlimmer. Und jedesmal, wenn es schlimmer wird, kommst du wahrscheinlich zu dem Schluß, daß du recht hattest. Du sagst vielleicht zu dir selbst: »Obwohl ich aufhörte, wurde es schlimmer. Was würde dann erst geschehen, wenn ich nicht anhalten würde?«

Viele der Atemschüler lassen sich von dem Lehrer führen, wenn sie zu dem Punkt gelangen, an dem die Angst übermächtig wird und sie den Schmerz kaum noch aushalten können. Und sobald sie den Anweisungen des Lehrers folgen, läßt die Lähmung sofort nach. Dafür werden jedoch die Vibration und das Prickeln um so dramatischer. Und wieder besteht die Gefahr, daß man erschrickt und »zumacht«. Manche Menschen geraten immer wieder an diesen Punkt, bis sie endlich in der Lage sind, sich zu entspannen und rhythmisch weiterzuatmen. Du kannst dies alles vermeiden, wenn du einfach nur der Lebensenergie in deinem Körper freien Lauf läßt.

Beim rhythmischen Atmen ziehst du die Luft ein und entspannst dich beim Ausatmen in einem beständigen Strom, so daß das Ausatmen mit dem Einatmen verbunden ist. Das Geheimnis besteht darin, sich in das Prickeln hinein zu entspannen.

Durch rhythmisches Atmen wird die negative mentale Masse aus dem Körper ausgeschlossen. Die Lebensenergie nimmt ihren Platz ein. Wenn du bereit bist, dich den Anweisungen deines Atemlehrers zu fügen, kannst du diese Energiefreisetzung fast ohne Unannehmlichkeiten überstehen. Doch da das Geburtstrauma gerade die Urquelle des Mißtrauens ist, wirst du an diesem Punkt deinem Atemlehrer möglicherweise mißtrauen. Ganz gleich, was er dir sagen will, es wird alles falsch sein. Dadurch wirst du weiterhin deinen Schmerz spüren. Und weil dir etwas weh tut, wirst du den Atemführer dafür verantwortlich machen.

Ein negativer Gedanke, der im Körper gespeichert ist, widersteht automatisch der Lebendigkeit des Unendlichen Seins. Die Gegenwart des Lehrers verringert automatisch diesen Widerstand. Er kann helfen, den Schmerz zu lindern. Es ist wichtig, daß du mitarbeitest. Eigentlich hat man Glück, wenn man diese zeitweilige Lähmung während des Atmens erfährt, denn man lernt dabei zwei Dinge: Sobald man mit seiner eigenen Angst in Verbindung kommt und diese Angst losläßt, läßt die Lähmung nach, der Körper öffnet sich und man fühlt sich gut in ihm. Hinter jedem Schmerz und jeder Angst ist etwas Gutes, die Liebe Gottes. Und zweitens ist es gar nicht so wichtig, daß man seine Ängste versteht und in Worte faßt. Wenn man sich einfach nur den Symptomen hingibt und weiteratmet, läßt die Lähmung nach. Die Heilung ist also unausweichlich, ob man nun versteht, worum es geht, oder nicht.

Deswegen ist bewußtes Atmen ein Vorbild für jede Art von Heilung. Entspanne dich in die Symptome hinein, so daß du die Botschaft verstehen kannst. Hab keine Angst davor. Schmerz und Angst sind nur die Bemühung, sich an einen negativen Gedanken zu klammern. Hinter Angst und Schmerz steht etwas Angenehmes: Die physische Manifestation der metaphysischen Liebe Gottes. Angst, Schmerz und Krankheit sind nur der Widerstand gegen Gottes Liebe und Weisheit.

Es ist natürlich, sich wohl zu fühlen. Alles andere ist unnatürlich und letztlich selbstzerstörerisch. Wenn du dich in den Schmerz verbohrst und nicht losläßt, wird das Leben sehr anstrengend werden, und du wirst den Tod mehr schätzen als das Leben. Tod bedeutet, den Schmerz mehr zu lieben als alles Angenehme.

Die Menschen, die die zeitweilige Lähmung nicht erfahren, haben vielleicht schon vorher das Freude-Schmerz-Prinzip auf irgendeine andere Weise gemeistert oder es steht ihnen noch bevor. Die wenigen, die in der Lage sind, bewußtes Atmen ohne Lähmungserscheinungen zu erlernen, können völlig loslassen. Diese Fähigkeit basiert auf Vertrauen.

Die Freisetzung von Energie erneuert den Körper. Man fühlt sich auf wunderbare und sinnliche Weise mit dem Körper verbunden. Man hat reichlich Kraft. Und das Gefühl von Sicherheit und Ruhe breitet sich in einem aus. Wenn man diese Energie-Erfahrung zur Vollendung gebracht hat, wird diese Ruhe dauerhaft werden. Nur negative mentale Haltungen in deiner Umgebung können sie dann stören.

Während der Energiezyklen ist es wichtig, darauf zu vertrauen, daß das Universum keine natürlichen Kräfte besitzt, die dir weh tun werden. Verlaß dich darauf, es ist dein eigener Kopf, der das erschafft, was in deinem Körper vor sich geht, und der es auch wieder rückgängig machen kann. Verlaß dich darauf, daß das Prickeln und Vibrieren die Liebe Gottes in all deinen Zellen ist. Die Energie, die durch deinen Körper fegt, stellt deine ursprünglichen Fähigkeiten, Freude und Ruhe zu erleben, wieder her. Vertraue auch deinem Atemlehrer, der bereits viele Menschen durch diese Erfahrung geführt hat. Alle haben sie überlebt. Wenn du deine Geburt überlebt hast, wirst du auch deine Wiedergeburt überleben!

Eine Schule für Erwachsene,
in der die Kinder Lehrer sind

Viele Jahre lang betrieben wir während des Sommers in Inspiration University, Sierraville, Schulen für Erwachsene, in denen die Kinder lehrten. Dies klingt vielleicht sonderbar. Doch ich glaube, in fast jeder Schule sollten eigentlich Kinder die Lehrer sein. Man betrachtet Kinder vorwiegend aus drei verschiedenen philosophischen Richtungen. Die einen meinen, Kinder seien ignorante Tierchen, denen man alles beibringen muß. Andere meinen, Kinder seien schlimmer als Tiere, sie seien Sünder mit einem perversen Wesen, man könne ihnen noch nicht einmal etwas beibringen, man könne höchstens das Übel im Menschen bis zum Tode in Schach halten. Und die dritte Philosophie besagt, daß sie göttliche Wesen sind, die direkt von Gott kommen. Wenn die Erwachsenen nur genügend Weisheit hätten, um von ihnen zu lernen, hätten wir einen Himmel auf Erden. Natürlich vereinfache ich hier die verschiedenen Ansichten. Die Wahrheit ist sehr komplex.

Offensichtlich können Kinder jedoch lernen und lehren. Die Schulen konzentrieren sich jedoch meistens auf die Tatsache, daß sie lernen müssen. In diesem Kapitel möchte ich euch darauf hinweisen, daß sie auch große Lehrer sind.

Meine Vorstellung von Kindern als göttlichen Wesen hatte ich schon, bevor ich das erste Kind-Genie kennenlernte. Es scheint viele von ihnen zu geben, aber wir übersehen sie meist.

Dan Shultz war schon öfters bei mir zu Hause gewesen. Ich kannte ihn über ein Jahr lang, bevor ich sein Genie entdeckte. Dies hätte wahrscheinlich noch länger gedauert, wenn nicht gerade ein Forscher bei mir gewesen wäre, der nach außergewöhnlichen Kindern Ausschau hielt. Nachdem ich diese Erkenntnis gewonnen hatte, begann ich, mehr Zeit mit Danny zu verbringen. Ich wollte, daß er sich sicher fühlte, um mir seine Talente zu zeigen.

Danny hatte große telepathische Fähigkeiten. Er kann sich an sein eigenes Leben von vor dem Zeitpunkt seiner Geburt erinnern. Die meisten Kinder sehen Auras. Sie schauen den Eltern oder Erwachsenen oft nicht in die Augen. Und deshalb glauben die Eltern oft, sie sähen nicht richtig oder es sei irgend etwas mit ihrem Hirn nicht in Ordnung. Doch Babys kommen direkt aus der astralen Welt. Sie interessieren sich ebenso für deinen Energiekörper wie für deinen physischen. Später konzentrieren sie sich meistens mehr auf den physischen und verlieren ihre Fähigkeit, die menschliche Aura mit all ihren Farben, Formen und Bewegungen zu erkennen. Danny verlor diese Fähigkeit jedoch nicht.

Er weiß, wenn Menschen schwindeln. Er erkennt es an der Farbe ihrer Aura. Er sieht auch, ob sie gesund, zornig, liebevoll, deprimiert oder glücklich sind. Er vermag die Körper der Menschen mit seinen Händen und seinem Geist zu heilen. Er kann Diagnosen stellen und irrt sich nie, wenn er den Menschen sagt, wo es ihnen weh tut.

Ein befreundeter Anwalt hatte einen Bandscheibenschaden. Man operierte ihn, konnte ihm aber nicht wirklich helfen. Danny heilte dies in wenigen Minuten. Mit zehn Jahren war er in der Lage, anspruchsvolle Vorträge vor großen Gruppen zu halten. Mit elf reiste er mit mir um die Welt und heilte.

Danach fiel es mir leichter, diese besonderen Kinder zu entdekken. Alle Kinder können Erwachsenen etwas beibringen. Aber meine »Schule für Erwachsene« besteht vor allem aus besonders begabten Kindern, die ihren erwachsenen Studenten wirklich etwas mitteilen können. Ich entdeckte sie in Eisdielen, auf der Straße und in ihren Familien. Sie sind wunderschön. Sie bewegen mich zutiefst. Es tut mir im Herzen weh, wenn ich sehe, wie ihre Eltern sie mißverstehen und die Schulen ihr Talent zerstören.

Einige von diesen Kindern erzählten mir, sie wünschten, sie könnten gar nichts sehen, denn in der Schule interessierte sich niemand für ihre Wahrheit. Sie wünschten sich oft, einfach wie andere Kinder zu sein.

Man kann jedoch einige einfache Dinge nehmen, um diese wertvolle menschliche und göttliche Quelle zu retten.

---

1. Wenn du Schullehrer bist, beobachte die Kinder in deiner Klasse und in deiner Schule. Sie haben ganz verschiedene Begabungen.
2. Gehe sanft mit ihnen um. Diese Kinder sind äußerst sensibel. Vielleicht haben sie zu Hause schon gelernt, ihre Fähigkeiten vor den Erwachsenen zu verstecken. Es ist sinnvoll, persönlich mit ihnen zu sprechen.
3. Wenn du mehr über diese Gaben erfahren hast, kannst du im Unterricht darüber sprechen. Die meisten Kinder können diese Fähigkeiten entwickeln. Manche finden sie automatisch wieder, wenn sie atmen lernen.
4. Laß die Kinder, die besondere Fähigkeiten haben, den anderen Kindern und den Lehrern deiner Schule Dinge beibringen.

Danny ist nach wie vor viel weiter fortgeschritten als ich. Doch ich habe viel von ihm gelernt. Ich beobachte meine Tochter, wie sie meine Aura sieht. Auch ich selbst kann manchmal Farben erkennen. Ich schaue meine Tochter an, wie sie die Energiebewegungen betrachtet. Und ich versuche zu sehen, was sie sieht. Ich bin sicher, wenn ich weiter daran arbeite, werde ich bald genauso viel aus der Aura ablesen können.

Es ist wichtig, sich damit zu beschäftigen, wie man eine Schule in eine Schule für Erwachsene verwandeln kann, in der die Kinder die Lehrer sind. Man kann viele gute und nützliche Ideen erschaffen.

Die Zeit ist gekommen, den Kindern Redefreiheit zu gestatten, ihnen zu helfen, das auszusprechen, was sie vielleicht noch nie haben ausdrücken dürfen. Denn darum geht es in der Erziehung, nicht wahr?

Spirit, meine Therapeutin

Ich habe schon immer gesagt, daß Kinder die besten Therapeuten sind. Nun kann ich dies selber üben. Die Kinder führen einen direkt in das eigene Unterbewußtsein. Wenn wir in der Lage sind, uns genügend zu entspannen, um die Botschaften zu lesen, die unsere Kinder uns durch ihre Handlungen übermitteln, können wir schnell wachsen und frei werden.

Kinder sind reiner Ausdruck des Geistes. Manchmal bezweifle ich die Reinkarnation, weil die Kinder so rein sind. Sie scheinen keine Programme mitzubringen, außer dem, was sie von ihren Eltern aufnehmen. Jedenfalls trifft dies für meine Tochter Spirit zu. Sie heißt Spirit Orr.

Sie ist ein friedliches Kind und spielt gerne mit sich selbst. Stundenlang kann sie sich damit beschäftigen, ihren Schnuller aus dem Mund zu nehmen und ihn dann wieder hineinzustecken. Dann dreht sie ihn tausendmal herum, steckt ihn wieder hinein, nimmt ihn wieder heraus, legt ihn hin, hebt ihn wieder auf, und so weiter.

Heute konnte ich mich beobachten, daß ich Angst hatte, sie könne anfangen zu weinen. Bei dem Gedanken, sie könne weinen und mein eigenes Glück, oder was immer ich gerade dabei bin zu tun, unterbrechen, dachte ich an die Beziehung, die ich vorher mit meiner Mutter gehabt hatte. Dieser Gedanke verursachte eine große Welle von Anspannung in meinem Bauch. Ich hatte immer Angst davor gehabt, daß diese Frau in meinem Leben traurig sein und mir mein eigenes Glück streitig machen könnte, indem sie mich unterbrach, verließ oder irgend etwas anderes Unangenehmes unternahm, stellte ich fest. In einem solchen Augenblick ist es einfach für mich, die massive Energieballung in meinen Gedärmen wegzuatmen.

Ich halte Spirit oft auf meinem Schoß und spiele mit ihr. Nach einiger Zeit beginnt sie zu weinen und zu schreien. Ich sehe einmal nach, ob es dafür konkrete Ursachen gibt – volle Windeln oder sonst etwas. Dann fühle ich diese Energiekonzentration in meinem Bauch. Wenn sie laut genug schreit, schüttelt es mich regelrecht. Ich habe Gefühle wie Angst, Verwirrung und Desorientierung. Ich weiß nicht, was ich tun soll, um sie glücklich zu machen, und ich erlaube mir, dies richtig zu spüren. Ich atme in dieses Gefühl hinein. Da löst es sich auf. Spirit hört dann auf zu schreien und lächelt. Sie lächelt mich so an, als sei sie froh darüber, daß ich mein »Zeug« losgelassen habe. Sie blickt mich mit allwissender Weisheit an.

Ist sie das, oder ist das mein eigener Spiegel? Wir sind eins. Es ist gleich. Ist ihre Weisheit ebenso ein Spiegel wie ihre Unruhe? Beide zusammen befreien wir mich. Es fällt mir schwer, solche Liebe von meiner Tochter anzunehmen. Sie behandelt meinen Fall vierundzwanzig Stunden am Tag. Das ist eine ganz billige Therapie.

Manchmal weiß ich nicht, ob ihre oder meine Gefühle sie zum Weinen bringen. Ich glaube, es ist wichtig, das Weinen eines Kindes als Zeichen zu betrachten, in sich selbst hineinzuschauen. Meine kleine Spirit hat mich seit ihrem dritten Monat im Mutterleib in ständiger Verwirrung gehalten.

Heute, als ich sicher war, sie würde in einem Augenblick weinen, tat sie es gerade nicht. Sie gab mir die Zeit, in dieses Gefühl hineinzugehen und darüber zu schreiben, ohne mich zu unterbrechen. Sie arbeitet nur mit mir, wenn es wirklich notwendig ist. Jetzt gerade macht sie kleine Geräusche und schnurrt wie ein Kätzchen. Sie ist fröhlich und spielerisch. Sie ist die schönste, liebste Patientin-Therapeutin, die ich jemals gehabt habe.

In den Fernsehnachrichten sah ich neulich ein Elternpaar, das verhaftet wurde. Sie hatten ihr fünf Monate altes Baby geprügelt – zu Tode geprügelt. Spirit ist gerade fünf Monate jung. Offensichtlich hatte das Weinen des Kleinkindes in ihnen einen solchen Schmerz verursacht, daß sie es nicht aushalten konnten. Statt ihre unerledigten Dinge mit ihren Eltern zu regeln, ließen sie ihren Schmerz an ihrem kleinen Kind aus.

Hier handelt es sich um das Syndrom der Nichtübereinstimmung mit den Eltern. Ich bin froh, daß ich es verstehe. Es hilft mir, mit meiner kleinen Therapeutin zusammenzuarbeiten. Es macht mir auch einfacher, ihrer Freude Raum zu geben, das reine

Leben des Geistes in ihr und in mir zu erkennen. Sie befreit meinen Geist. Spirit liebt alle. Sie drückt ihre Freude und ihre Zustimmung mit allen Menschen aus. Sie befreit mich von meinem schlechten Gefühl Menschen gegenüber. Sie regt sich nur auf, wenn diese Menschen ihr schlechtes Gefühl sich selbst gegenüber nicht loslassen. Sie sieht sich die Aura der Menschen an und lächelt ihnen zu.

Spirit ist eine große Heilerin. Sie ist immer bereit zu spielen. Ich hoffe, ihr merkt, während ihr dies lest, daß nicht nur Spirit ein göttliches Wesen ist, sondern alle Kinder, alle Menschen. Alle wollen sie mit dir spielen, wenn du deine negativen Gefühle dir selbst gegenüber losläßt.

Ich unterbreche Spirit nie, wenn sie sich gerade gut unterhält. Aber meine Gefühle tun das manchmal. Sie unterbrechen auf telepathische Weise. Wenn dies geschieht, ist es für mich an der Zeit, daraus zu lernen und mich durch Spirit befreien zu lassen. Ihr habe ich es zu verdanken. Ich bin ein schwieriger Fall, bin Arbeit für sie. Sie ist die reinste Freude, und ich bin so dankbar für ihre Liebe. Sie ist gerade dabei, das Fernseh-Wochenprogramm zu zerreißen und es aufzuessen. Sie kann sich genauso lange auf Zeitschriften konzentrieren wie ich.

Lange mußte ich warten, bis ich eine Therapeutin fand, die sanft genug ist, um meine feinsten Gefühle zu behandeln. Spirit ist sanft und geduldig. Und sie ist eine gründliche Lehrerin. Sie wiederholt jede Lektion, bis ich sie verstanden habe.

Natürlich hat sie auch ihre eigenen Gefühle. Sie scheinen aus drei Quellen zu entstammen – Frustration während ihres Lernprozesses und die Schwierigkeit, dies ihren Eltern mitzuteilen, vorgeburtliche und Geburtsgefühle, und Ärger über ihren Körper (was auch mit Lernen zu tun hat). Es scheint sie zu ärgern, sich in ihrem Körper zu befinden, während dieser noch nicht richtig funktioniert. Ihr Geist ist viel weiter entwickelt als ihr Körper. Das war schon seit dem Tag ihrer Geburt so.

Es ist leicht zu erkennen, warum Gott uns die Kindheit gab. Sie ist langsam. Sie kann eine elende und frustrierende Phase sein. Sie lehrt uns Geduld. Ohne diese Geduld würden wir das physische

Universum um uns herum so schnell zerstören, daß es nicht lange überdauern würde. Wir lieben es, wenn schöne Dinge andauern, doch wenn unsere Probleme lange andauern, werden wir ungeduldig.

Dies ist die Mentalität eines Kindes. Wenn wir unsere Kindheitsgefühle annehmen, können wir unsere Probleme genießen. Geduld ist eine Tugend. Sie ist Quelle der Freude. Es ist gut, sich bewußt darin zu üben.

Langsam sein ist heilig sein.

Wenn der Friede zu einfach entsteht, zerstören wir ihn zu schnell. Wir vergessen, wie er zu uns kam und wie wir ihn verloren. Es ist möglich, Gefühle zu erschaffen und sie wieder zu zerstören. Dasselbe gilt für die Gesellschaft und andere physische Welten. Schon oft ist dies in der Entwicklung der Welt geschehen. Es wäre jetzt an der Zeit, wieder etwas zu verändern. Man sollte sich überlegen, ob man nicht Autos, die von Sonnenenergie versorgt werden, entwickeln könnte. Die Luftverschmutzung ist ein schlimmes Problem geworden. Sie zerstört die Lebensfreude auf dieser Welt. Wir hätten die Möglichkeiten, dies zu korrigieren.

Wir sollten unsere natürliche Göttlichkeit auch in der Politik zum Ausdruck bringen. Es gibt eine Zeit für Geduld und Ausdauer. Aber es gibt auch eine Zeit für Handlung und Wandel.

Meine Tochter ist manchmal zu göttlich. Sie ist dazu bereit, jedermanns Energie in sich aufzunehmen. Diese Veranlagung entstammt aus ihrer Reinheit und Liebe.

Ist euch jemals aufgefallen, daß die Natur dafür sorgt, daß wir Babys wie kleine Könige und Königinnen behandeln müssen? Wir müssen sie tragen und sie ständig bedienen. Wir geben ihnen zu essen, waschen sie und unterhalten sie. Gute Eltern reagieren auf jede kleine Laune ihres Babys. Unsere Kinder werden ganz natürlich wie Gurus behandelt. Und das ist auch richtig so. Sie verdienen es.

Babys sind so völlig hilflos. Sie können sich am Anfang noch nicht selbst umdrehen, geschweige denn essen, sich säubern oder mit uns in Verbindung treten. Sie hängen völlig von uns ab.

Unsere Babys lieben uns so sehr, daß sie alle unsere Gefühle absorbieren, die positiven und die negativen. Unsere negativen Gefühle verursachen Schmerz in ihnen, und sie beginnen zu weinen. Wenn wir beobachten, wann sie aus Kummer weinen, können wir unseren eigenen Schmerz spüren. Unsere Guru-Kinder können uns von negativen Gefühlen befreien. Wir haben die Veranlagung, vor unseren Gefühlen Angst zu haben und deshalb natürlich auch vor unseren Kindern. Ihr Weinen erinnert uns an eben jene Gefühle, die wir fürchten. Wenn uns diese Angst kontrolliert, geben wir unsere emotionale Krankheit an unsere Kinder weiter.

Jedesmal, wenn meine Tochter wieder dazu beiträgt, mich zu befreien, schenke ich ihr mehr Liebe und freudige Dienste. Wir sollten unsere Kinder verehren – sie führen uns zu Gott. Es gibt keine besseren Gurus als sie. Sie sind den ganzen Tag bei uns, helfen uns, lieben uns, lehren uns. Das einzige, was sie sich wünschen, ist, daß wir weise genug sind, um ihre Botschaft zu verstehen. Sie sind bereit, unseren Schmerz zu absorbieren. Das ist ihre Aufgabe – uns zu befreien. Wenn es ihnen nicht gelingt, werden sie so wie wir.

Welch eine Bestrafung! Sie werden so wie wir, und zwar in unverbesserter und ungereinigter Form. Bis sie eines Tages selber Kinder haben. Dann haben auch sie Gelegenheit, frei zu werden.

Wenn du es nicht geschafft hast, deine eigenen Eltern frei zu machen, wurdest du so wie sie. Natürlich nicht genauso; aber ich bin sicher, dein eigenes Verhalten hat dich oft erschreckt. Dann nämlich, wenn du gemerkt hast, daß du dich genauso wie deine Eltern verhältst, als wärest du ein Roboter aus derselben Fabrik.

Es ist meine Pflicht, die natürliche Göttlichkeit meiner Tochter zu beschützen.

Es ist die Pflicht der Lehrer, die natürliche Göttlichkeit ihrer Schüler zu beschützen.

Jeder Bürger sollte die natürliche Göttlichkeit der Kinder beschützen.

In der Kirche hört sich das Wort Himmel für mich immer langweilig an. Doch in einer Welt zu leben, in der die Kinder frei sind, glücklich, voller Witz und Kreativität, klingt für mich wie der Himmel auf Erden.

Dies ist nur eine Seite der Möglichkeit, ein Kind großzuziehen. Kinder lieben es zu lernen. Sie mögen es, wenn man ihnen Dinge beibringt. Dies ist auch nötig. Wir haben Freude an ihnen, aber auch Verantwortung für sie. Es ist so leicht, sie zu programmieren. Es ist leichter, ihnen Programme zu vermitteln als Weisheit. Wenn wir ihnen diese schenken können, werden sie weise aufwachsen.

Es ist manchmal schwer, die Erfahrungen, die ich mit meiner Tochter mache, zu verstehen. Für Schullehrer ist dies noch weitaus schwieriger. Wenn irgend jemand anderes anwesend ist, wenn Spirit zu weinen beginnt, könnte sie auch Spiegel für diesen anderen Menschen sein. Das ist recht kompliziert. Ein Kind, das nach einem unangenehmen Zwischenfall mit seinen Eltern in die Schule kommt, kann die ganze Klasse beunruhigen. Die Liebe der gesunden Kinder kann das Kind heilen. Die ganze Welt könnte mit Hilfe der Schulen geheilt werden, wenn die Lehrer nur bewußt und frei sind. Manchmal scheint dies unmöglich. Doch wir dürfen nicht aufgeben. Wir müssen uns immer mehr an die Eltern wenden. Die Eltern brauchen mehr Liebe, ihre eigenen Kinder können das oft nicht leisten. Die Gemeinschaft ist wichtig, um sowohl Lehrer wie auch Kinder zu beschützen.

Und was die Energie betrifft, so können Gruppen von Menschen wie Nuklearreaktoren reagieren. Ein Mensch, der ein starkes Gefühl in sich spürt, kann eine Kettenreaktion auslösen, die eine ganze Gruppe unter Kontrolle bringt. Ein Kind oder ein Lehrer vermag unbewußt auf der Gefühlsebene die ganze Klasse zu kontrollieren – entweder in positiver oder in negativer Form. Diese Energie kann großen Frieden bewirken, eine wunderbare Atmosphäre zum Lernen, für Liebe und Produktivität. Oder sie kann auch zerstörerisch sein. Ein Kind oder ein Lehrer mit Kummer kann die ganze Klasse behindern.

Dies ist nichts Neues. Es geschieht jeden Tag. Welches wäre

jedoch die beste Art, mit dieser Energie zu arbeiten? Meiner Erfahrung nach ist es am besten, diese Energie verbal auszudrükken und zwar so präzise wie möglich. Versuche, sie in Worte zu kleiden. Rede darüber, unterbrich das Gespräch durch »zwanzig verbundene Atemzüge«, bis jeder einzelne geheilt ist. Bei jeder neuen Klasse dauert dies eine Weile. Doch wenn man richtig übt, geschieht es plötzlich ganz schnell.

Nathans Geschichte

»Der fünfjährige Nathan und die Unsterblichkeit«, erzählt von seiner Mutter:
Kürzlich machte ich eine Erfahrung, die ich mit euch teilen möchte. Doch erst der Hintergrund dazu.
Wir leben gegenüber eines Friedhofs und blicken täglich auf ihn. Es ist logisch, daß Nathan daher früher als andere Kinder Fragen über den Tod stellt. Im letzten Jahr war er vier. Gegenüber, in der Nähe unseres Gartens, fand eine Beerdigung statt. Nathan sah zu, wie eine Grube ausgehoben wurde. Und wir sprachen über den »Mann in dem Loch«.
Ich kann mich nicht daran erinnern, daß er sich über das Thema beunruhigte. Doch einige Tage später spazierten wir unter den Tannen an den Steinsärgen vorbei. Und er fragte mich, wofür die bestimmt seien. Als wir darüber sprachen, wurde er sehr traurig. Er stellte mir viele Fragen und schluchzte eine Stunde lang. Er sagte, er wünschte, wir stürben alle am gleichen Tag, damit wir mit unseren Hunden, unserem Haus, unserem Wagen und Garten begraben werden könnten. Ich sagte, wir würden alle eines Tages sterben, aber erst später, wenn wir dazu bereit seien.
Danach stellte er jedesmal, wenn wir über irgend jemanden sprachen, die Frage: »Gibt es den noch?«, wobei Tränen in seine Augen kamen. Einige Goldfische und Vögel starben in diesem Sommer, und Nathan weinte über ihren Tod. Ihre Beerdigung war für ihn äußerst traurig. (Er bestand darauf, sie zu begraben.)

Vor einem Monat saß ich mit Nathan am Sandkasten. Ich sagte zu ihm: »Weißt du was, Nathan, Hans meint, wir müßten nicht sterben, wenn wir nicht wollen.« – »Wirklich?« fragte er mit einem kleinen fragenden Lächeln auf dem Gesicht. »Wir müssen nicht sterben, wenn wir nicht wollen? Das klingt aber dumm.« – »Nein«, sagte ich, »wir können, wenn wir wollen, ewig leben.« – »Oh, das ist gut«, sagte er.

Nathans Vater berichtet, März 1985:
Unser fünfjähriger Sohn Nathan kam vor einem Monat zu mir, als ich bei der Arbeit saß, und sagte: »Papa, laß uns einen ganzen Tag lang nichts essen.« Das sagte er einfach so heraus. Ein bißchen erstaunt, meinte ich: »Du meinst, du möchtest morgens aufstehen und...« – »...und nichts zum Frühstück essen«, beendete er den Satz für mich. »Und dann nichts zu Mittag essen, nichts am Abend und einfach ins Bett gehen!«

Dieser Gedanke kam wirklich von Nathan. Meine Frau und ich hatten noch keine Übung, was Selbsterfahrung betrifft (Geri hatte neun Sitzungen und ich vier hinter mir). Ich war gerade von einem Drei-Tage-Workshop mit Leonard zurückgekommen, wo ich über spirituelle Reinigung im allgemeinen gelernt hatte. Aber ich war sicher, daß ich mit Nathan nicht von Fasten gesprochen hatte. Weder Geri noch ich hatten jemals zuvor gefastet. Nathan ist ein Junge, der gerne ißt. Also überraschte uns dies. »O.k., Nathan, wenn du willst, werden wir diesen Freitag nichts essen. Wir werden nur Fruchtsaft trinken.« – »O.k.«, sagte Nathan freudig und entschlossen.
Also fasteten wir am folgenden Freitag. Gegen Ende des Tages fragte ich Nathan, was er davon hielt.
»Fasten wir doch jeden Freitag!« sagte er.
Ist dieses Kind der geistige Führer unserer Familie? Vielleicht. Einige Tage später sagte er zu uns: »Laßt uns zu Hans gehen und dort mit ihm singen. (Hans Delyser ist unser Atemlehrer. Er lädt jeden Mittwoch Abend zum OM NAMAHA SHIVAIYA-Singen ein. Geri war einmal hingegangen und hatte darüber gespro-

chen.) Also gingen wir. Nathan kam mit und schüttelte eine Rassel, während er ruhig die Worte OM NAMAHA SHIVAIYA sprach, die andere sangen. Am nächsten Tag verkündete er: »Gehen wir doch jeden Mittwoch dort singen!« Also brauchen wir uns um den spirituellen Fortschritt unserer Familie keine Sorgen zu machen.

Vier Wochen sind vergangen, davon vier Fastentage und vier Gesangsabende. Wir überlassen es Nathan, ob wir fasten sollen. Einmal besuchte uns eine kleine Freundin an unserem Fastentag. Sie wollte etwas zu essen haben. Wir gaben es ihr, und Nathan sagte aus Gewohnheit, er wolle auch etwas. Ich sagte ihm sanft, ich würde ihm gerne etwas geben, aber dann würde er sein Fasten unterbrechen. Daraufhin sagte er: »Ach nein, ich möchte doch nichts.«

Er hat immer aus eigenem Willen einen Fastentag eingelegt. Unter seiner Führung fasten wir alle einmal in der Woche – und singen OM NAMAHA SHIVAIYA.

Einige fortschrittliche Ideen
für Schulen

Wenn es sich hier nicht um fortgeschrittene Ideen handelte, hätte es keinen Sinn, überhaupt weiterzulesen. Wenn du das Gefühl hast, sie sind zu fortgeschritten, wirst du sie automatisch zurückweisen und sie vielleicht später aufnehmen.

Es ist schwer zu sagen, was gesellschaftlich annehmbar ist und was nicht. Es ist eigentlich unmöglich.

Einige Lehrer sagten mir: »Mein Direktor erlaubt mir nicht, in meiner Schule Atmen zu lehren.« Und dennoch gab es in diesen Schulen Sportstunden, in denen die Schüler auf den Atem aufmerksam gemacht wurden. Manchmal waren es auch die Direktoren, die sagten: »Ich wünschte, meine Lehrer wären etwas kreativer und würden so wertvolle Dinge wie bewußtes Atmen lehren.«

In beiden Fällen handelt es sich wohl um ein geringes Selbstvertrauen und die Unfähigkeit zu kommunizieren.

Ich hoffe, ich kann euch hier praktische Ideen bieten. Spielt einfach mit ihnen.

Unendliche Intelligenz

Als ich mich erstmals persönlich mit der Unendlichen Intelligenz verband, wurden meine Noten abrupt besser. Dies geschah, als ich an der Universität war.

Jeder Gedanke entstammt der Unendlichen Intelligenz.

Es gibt für dich nichts Wichtigeres als mit dieser Intelligenz in Verbindung zu stehen.

Einige Gedanken sind wertvoll, andere nicht.

Du bist entweder mit der Unendlichen Intelligenz oder mit der unendlichen Dummheit verbunden.

Emotionale Erziehung für Eltern

Jede Grundschule sollte wöchentlich ein Seminar über Selbstverbesserung oder emotionale Unterstützung für Eltern anbieten.

Nur allzuoft besteht eine undurchdringbare Mauer zwischen Eltern und Schülern.

Es ist traurig, Schülern zu helfen und dann zuzusehen, wie die Eltern dieses Werk wieder zerstören.

Lehrer könnten dazu beitragen, Eltern zu heilen. Manchmal sind es auch die Eltern, die die Lehrer heilen.

Wie können wir Liebe und Freundschaft vermitteln?

Gemeinschaftsorganisationen

Es sollten sich etwa hundert Menschen einer Nachbarschaft zusammenfinden, um sich regelmäßig zu treffen. Sie sollten einen Vorsitzenden ernennen. So kann man Demokratie praktisch ausüben.

Damit könnte man die Verbrechensrate in einem oder zwei Jahren um neunzig Prozent verringern.

Lehrer können darauf Einfluß haben, denn Lehrer werden allgemein geachtet.

Es ist wichtig, daß die Politik wirkliche, konkrete Wurzeln hat.

Erde, Luft, Wasser und Feuer

Man sollte die Elemente aus der Sicht persönlicher spiritueller Reinigung betrachten. Die Luft reinigt den Energie- und den physischen Körper, in dem wir atmen. Dies ist das Thema dieses Buches.

Durch Baden reinigen wir ebenfalls die Energie- und physischen Körper. Es ist für Schüler und Lehrer wichtig, täglich zu baden. Öfters habe ich ein unglückliches oder verstörtes Kind dazu angehalten, ein Bad zu nehmen. Danach fühlte es sich besser. Ein Kind ist regelrecht in der Lage, seine durch verstörte Eltern hervorgerufenen Probleme mit einem Bad wegzuwaschen. Wasser reinigt den Emotionalkörper schneller, als der Verstand es vermag.

Die Erdreinigung hängt mit Meisterschaft über Essen und Bewegung zusammen. Kinder sollten mit dem Essen experimentieren und herausfinden, was ihr Körper wirklich braucht und mag. Es ist wichtig, Kindern die Augen darüber zu öffnen, wie sich die Zivilisation auf ihre Körper auswirkt. Auch Fasten reinigt sowohl den Energie- wie auch den physischen Körper.

Freiwilliges Fasten bei Kindern zeigt erstaunliche Ergebnisse.

Es ist wahrscheinlich zu brenzlig, in den Schulen mit Feuer umzugehen. Manche Schulen erlauben Kerzen im Klassenzimmer, andere jedoch nicht. Wenn es möglich ist, zünde jeden Tag eine Kerze an. Du wirst erstaunt sein. Lehre die Kinder die Sicherheitsregeln in bezug auf Feuer. Baue einen Feuertempel in deiner Schule oder im Park deiner Gemeinde. In Gegenwart eines Feuers einfach nur zu sitzen, reinigt Energie- und physischen Körper. Dies hat auch eine Wirkung gegen die nationale Krankheit der Brandstifterei. Wenn du es durchsetzt, daß die örtliche Feuerwehr ein Feuer vierundzwanzig Stunden lang am Leben erhält, etwa in einem Feuertempel der Gemeinde, wirst du dadurch viele Häuser, Geschäfte und Wälder vor Brandstifterei schützen.

Die vier Elemente sind die physischen Aspekte Gottes. Sie schenken dem Menschen Schönheit und Energie und können alles heilen.

Sie entsprechen auch den vier Grundelementen des Körpers.

Sie reinigen den Geist schneller, als er sich selbst reinigen kann.

Dies zu wissen bedeutet weise zu sein.

Erziehung zur Natur

Zu viele Menschen meinen heutzutage, daß die Nahrungsmittel aus dem Supermarkt stammen.
Überzivilisierte Menschen sollten mehr Zeit in der Natur verbringen und weniger in geschlossenen Räumen.
Wir hätten keine Atomwaffen, und es gäbe keine Bedrohung durch Luftverschmutzung, wenn die Schulkinder mehr Zeit in der Natur verbrächten als in den Klassenzimmern ihrer Großeltern. Wir sollten dies sofort korrigieren, wenn wir auf dieser Erde einen Himmel erschaffen wollen.
Jede Schule sollte einen Garten besitzen. Das Schulprogramm im allgemeinen stammt aus einer Zeit, in der die meisten Kinder noch auf dem Land lebten. Doch inzwischen trifft das nicht mehr zu. Und daher sollten die Erziehungsinhalte geändert werden. Die Schulen heutzutage sollten sich mehr auf die Natur konzentrieren als auf rein akademische Studien.

Internationaler Austausch

Jede Schulklasse sollte wenigstens einen Schüler jedes Jahr mit einem anderen Land austauschen.
Kein Land würde uns bedrohen, wenn seine Kinder in unseren Schulen säßen. Das gleiche gilt auch umgekehrt für uns.

Persönliches Gesetz

Jeder besitzt eines. Das Persönliche Gesetz ist ein Gedanke, der unser Denken unverhalten mehr als jeder andere Gedanke kontrolliert.
Suche dein eigenes. Es ist viel wert, es zu finden.

Physische Unsterblichkeit

Füge deinem Vokabular diese Worte hinzu. Dieser Gedanke macht dich verantwortlich.

Ich lernte sieben Menschen kennen, die über dreihundert Jahre lang in demselben Körper lebten. Die meisten von ihnen sind indische Yogis. Ich würde Forschern oder Suchern gerne ihre Adressen geben, damit sie bei ihnen lernen können. Wir müssen unsere Vorstellungen erweitern.

Praktische Erfahrung (eine Lehrerin berichtet)

»Atembewußtsein beziehungsweise bewußtes verbundenes Atmen hat eine hervorragende Wirkung auf Schulen. 1984 führte ich vierzig Schüler durch zehn Atemsitzungen hindurch. Meine Schule gestattete mir, solche Kurse zu geben.

Die Resultate waren phantastisch, vor allem da es sich um Schüler handelte, die von der Schule abgehen sollten. Sie öffneten sich den Möglichkeiten ihrer eigenen Göttlichkeit und der Freude in ihrem Leben. Ich ließ sie zehn Wochen lang alle zusammen während fünfzig Minuten atmen. Dabei benützten wir zusätzlich Affirmationen, sowohl geschriebene wie auch auf Tonband aufgenommene. Außerdem ließen wir Tonbänder mit Themen über Geld, Vergebung, Dankbarkeit, physische Unsterblichkeit und vor allem die Idee, daß Gedanken kreativ sind, nebenbei laufen.

Es ist eine dankbare Aufgabe, den Menschen klarzumachen, daß sie selbst die Quelle ihrer eigenen Realität sind und daß sie den Atem dazu benützen können, diese Realität positiver und ergebnisreicher zu gestalten. Hier sind einige Beispiele des Prozesses und einige der erfahrenen Resultate:

Ein Schüler, der sich bei der Geburt den Halswirbel gebrochen hatte, als er aus dem Mutterleib austrat, erinnerte sich bereits in der ersten Sitzung wieder daran. Wir sagten ihm, daß es sich um eine Erinnerung handelte, einen Gedanken, den er in seinem

Geist aufbewahrt hatte, und leiteten ihn an, sich zu entspannen. Später fragte dieser Junge seine Mutter, ob es sich tatsächlich so zugetragen hatte. Überrascht fragte sie, wie er das herausgefunden hätte. Er erzählte, was im Klassenzimmer geschehen war.

Die ganze Klasse war dankbar und voller Vergebung. Ihre Beziehungen zu ihren Familien kamen ins Gleichgewicht. Einige fanden neue Jobs oder erhielten mehr Geld für ihre Arbeit, hatten bessere Beziehungen, bekamen ein neues Auto, machten den Führerschein und, was am wichtigsten ist, fanden wieder ihre persönliche Verbindung zu ihrer eigenen Kraft. Sie fühlten auch, daß Sicherheit, Liebe und Kommunikation auf allen Ebenen besteht.

Auch schwierige Schüler, die in andere Klassen versetzt worden waren, schlichen sich in diese Sitzungen ein. Ich möchte nicht sagen, daß sie schwierig waren, sondern ihre kreative, kraftvolle, unendlich schöne spielerische Seite hervorstreichen. Eines Tages begann eine Gruppe der Klasse während des Mittagessens OM NAMAHA SHIVAIYA zu singen.

Aufgrund der inneren Führung, die diese Gruppe erhielt, waren die Schüler nicht mehr in der Lage, in den Krieg zu ziehen oder gar dem Militär beizutreten, auch wenn ihr Verstand es gewollt hätte. Als sich einer von ihnen eines Tages doch bei den Marines meldete, gingen seine Papiere auf geheimnisvolle Weise verloren, und er wurde nicht angenommen.

Die Klasse brachte viel Geduld für mich auf, denn ich wechselte zwischen Angst und Liebe. Alle meine eigenen persönlichen Unsicherheiten kamen hoch. »Ich mache es nicht richtig. Wir brauchen professionelle Leute.« Doch fühlte ich mich im Grunde von den ortsansässigen Atemlehrern voll unterstützt. Sie erschienen völlig unerwartet, um während der Sitzungen zu helfen.

Ich bin persönlich für diese Erfahrung äußerst dankbar und für die Gelegenheit, an der Einführung bewußten Atmens an den Schulen teilnehmen zu dürfen. Es ist ein wunderbares Instrument, und die Schüler erkannten dies sofort.«

Zum Abschluß des Kapitels noch einige fortgeschrittene Übungen.

---

1. Fülle deine Badewanne mit Wasser.
2. Mache die »zwanzig verbundenen Atemzüge«. Dabei ist dein Kopf bis auf die Nase ganz unter Wasser.
3. Danach ruhe dich einige Minuten aus.
4. Nun stütze dich mit Füßen und Armen auf die Seiten der Badewanne, und tauche mit deinem Körper etwas aus dem Wasser auf. Nun mache »zwanzig verbundene Atemzüge«. Danach laß dich sanft wieder zurück ins Wasser gleiten.

Diese Übung wird dich an dein Kindheitsbewußtsein erinnern. Sei nicht erstaunt, wenn dies geschieht. Mache diese Übung einen Monat lang, jeden Tag einmal.

Die Übung kann auch variiert werden. Stell dich in der Badewanne aufrecht hin, langsam, damit dir nicht schwindlig wird. Und dann mache »zwanzig verbundene Atemzüge«. Setz dich hin, lege dich zurück, und wiederhole die »zwanzig verbundenen Atemzüge«.

Schließlich hebst du dich wieder mit Beinen und Armen etwas aus dem Wasser heraus und atmest wieder zwanzigmal.

Entspannung heilt meiner Meinung nach fast alles. Für den Verstand ist es ein Schock zu merken, daß er die Krankheit nur dann beibehalten kann, wenn er an ihr festhält. Er muß sich regelrecht Mühe geben. Laß los, und dein unendlicher Geist wird, wenn du gerade nicht hinsiehst, die meisten Symptome auflösen. Vorsicht! Dein Geist mag sich einschleichen und dich heilen, ohne dich um Erlaubnis gebeten zu haben.

Wir fühlen uns oft mit unseren Symptomen wohl. Sie können ein Teil unserer Identität sein. Die ursprüngliche Quelle des Schmerzes können die folgenden Grundgedanken sein:

- Der Schmerz wird immer schlimmer.
- In mir geschieht ein nicht wiedergutzumachender Schaden.
- Gott bestraft mich.
- Gott will mich nicht heilen.
- Es wird mich umbringen.
- Es ist doch allen egal.
- Ich komme damit nicht zurecht.

Diese Gedanken sind erschreckend. Es ängstigt uns, sie zu fühlen. Doch wenn wir sie bewußt wahrnehmen, können wir geheilt werden. Wenn du einen dieser Gedanken mit deinen Symptomen in Verbindung bringen kannst, werden diese Symptome sofort verwandelt – wenigstens etwas. Wenn du weiter darüber nachdenkst und bewußt atmest, kannst du dich ganz heilen. Das heißt, du kannst die Symptome vollständig verschwinden lassen. Doch Heilung ist ein ewiger Prozeß. Jeder Mensch befindet sich in irgendeinem Heilungsprozeß. Er ist Teil unseres Lebens auf dieser Welt.

Deine Symptome heilen und lösen sich auf, wenn du dir erlaubst, darüber nachzudenken und sie zu fühlen.

Das Durchtrennen der Nabelschnur ist oft die Ursache von Migräne. Wenn du es schaffst, diesen Schmerz auch nur einmal erfolgreich auszuatmen, hast du keine Angst mehr davor. Also kehrt er auch weniger häufig zurück. Und irgendwann einmal kommt er gar nicht mehr.

Oder du atmest dich durch einen Asthmaanfall hindurch und bist nicht länger Opfer davon.

Herzprobleme können temporär ausgeräumt werden. Doch um langdauernde Resultate zu erzielen, ist es wichtig, die Nahrung zu verändern oder gelegentlich zu fasten (vor allem kein Fleisch zu essen).

Hämorrhoiden und Geschlechtskrankheiten haben oft mit einem Windeltrauma und dem »Sauberwerden« zu tun.

Dies sind nur einige Beispiele. Dein Verständnis muß sich auf die psychologischen Ursachen beziehen. Sei nicht überrascht, wenn es klappt und du wirkliche Heilungen erzielst.

Mehr über das Geburtstrauma

Die meisten Menschen glauben nicht an das Geburtstrauma. Das ist auch nicht nötig. Es ist auch nicht nötig zu verstehen, warum man atmet oder warum man nicht richtig atmet.

Die meisten Menschen glauben nicht an das Geburtstrauma. Aber sie erinnern sich auch nicht an ihre eigene Geburt. Warum wohl?

Erinnerst du dich an deinen ersten Atemzug? Daran, wo du geboren wurdest? Wer dabei war? An die Wehen? Daran, im Mutterleib zu sein? Und ausgestoßen zu werden? Und so weiter. Und so weiter.

Es gibt dafür einen einfachen Grund: Du hast Angst davor. Du hast Angst davor, weil diese Erinnerungen unangenehm waren. Ich sage absichtlich »waren«. Es klingt wie ein Gegensatz.

Wenn deine Geburt erschreckend, schmerzhaft oder unangenehm war, meinst du, es wird ebenso unangenehm sein, sich daran zu erinnern.

Doch wie willst du das wissen? Vielleicht wird es einfach nur interessant sein, sich daran zu erinnern – vielleicht sogar sehr interessant!

Wehen und Geburt erschrecken jeden. Doch es ist schon geschehen, es ist vorbei. Du brauchst keine Angst mehr vor etwas zu haben, was in der Vergangenheit liegt.

Viele der Hyperventilationssymptome lassen sich auf die psychophysische Erinnerung an die Geburt und die dadurch verursachte Angst zurückführen. Das Kribbeln und Vibrieren ist eine physiologische Manifestation der Angst, auch wenn diese Gefühle in unserem rationalen Verstand als angenehm angesehen werden. Du verkrampfst dich in der Erinnerung an deine embryonale Lage, weil du davor Angst hast. Diese Angst wird im Körper gespeichert und kann Arthritis und andere Krankheiten hervorrufen, wenn sie nicht freigesetzt wird. Im Laufe der Zeit bauen sich die alten Ängste, die wir unterdrückt haben, äußerst kompliziert auf.

Durch den Verlust des Mutterleibes kann Traurigkeit entstanden sein.

Ein intensiver Druck auf den Magen kann die Erinnerung an die Durchtrennung der Nabelschnur sein. Übelkeit, Verwirrung, Kopfschmerzen und Schwindel, ebenso wie unbewußtes Atmen und andere Symptome, lassen sich alle möglicherweise auf die Erinnerung an die Durchtrennung der Nabelschnur zurückführen.

Erstickungsanfälle und Mundtrockenheit können daher kommen, daß man bei der Geburt zum ersten Mal einen leeren Mund hat.

Extremes Schwitzen und Kältegefühl sind Erinnerungen an den ersten großen Temperaturwandel, als du den warmen Mutterleib verließest und in die kalte, grausame Welt gelangtest.

Bei der Geburt erfuhrst du zum ersten Mal Licht, Klang und Berührung. Du erfuhrst Bewegung, Stille und Frieden in deiner Umgebung. Lies dir noch einmal die Liste der Hyperventilationssymptome durch. Alle haben etwas mit diesen Aspekten der Geburt zu tun. Es ist unsere erste Vision, unser erster Traum und unsere erste psychodelische Erfahrung.

Ich selber las sie mir gerade durch und stellte fest, daß das wichtigste Symptom fehlt, die Paranoia. Von Angst im allgemeinen steht nichts dabei. Die Geburt ist unsere erste soziale Erfahrung. Erwachsene nehmen sich wie Riesen aus. Sie tun uns oft physisch weh. Unsere psychischen Sinne sind weit geöffnet. Das Baby absorbiert alle Gefühle im Raum. Babys saugen jahrelang die Emotionen ihrer Umgebung auf.

In einem Vortrag hörte ich, daß eine der größten Ängste im heutigen Amerika das Sprechen vor einer Gruppe ist. Diese Angst läßt sich fast immer auf die Geburt zurückführen.

Die Angst vor den Geburtserinnerungen ist eine ständige Spannungsquelle im menschlichen Organismus, bis die Erinnerungen endlich freigesetzt werden. Wir haben dies nachweisen können. Dir bedeutet das nichts, bevor du nicht deine eigenen Erinnerungen losläßt. Noch ein Gegensatz! Die Angst vor deinem Geburtstrauma kann viele Krankheiten hervorrufen. Wenn du dir erlaubst, sie dir in die Erinnerung zurückzurufen, haben sie keine Kraft mehr.

In Kindern sind diese Geburtserinnerungen noch sehr gegenwärtig. Sie können jederzeit heraufkommen, ob man atmet oder nicht. Ich half einem kleinen neunjährigen Mädchen, das Schmerzen in den Beinen hatte und sich monatelang oft in den Schlaf weinte. Sie hatte zu viel Angst, um den Schmerz loszulassen, aus dem Gefühl heraus, etwas Fürchterliches würde mit ihr passieren. Als ich ihr erklärte, daß dies wahrscheinlich mit ihrer Geburt zu tun hatte, entspannte sich und schlief in einem wunderbaren meditativen Stadium ein. Das Muster verschwand. Man hatte sie bei ihrer Geburt an den Knöcheln, mit dem Kopf nach unten, aufgehängt.

Die Theorie der psychophysischen Erinnerungen bei der Geburt und die Angst davor ist für Kindergärtnerinnen und Lehrer, wenn sie die in den Kindern entdecken, äußerst wertvoll. Diese einfache Erklärung erspart vielen Kindern Elend und Schmerz.

Fragt die Kinder zum Beispiel:

• Erinnerst du dich an irgend etwas bei deiner Geburt?
• Was weißt du über die Geburt selbst?

Eine Studie, die man vor kurzem über den Selbstmord von Teenagern erstellte, deckte auf, daß die meisten von ihnen unter einem Geburtstrauma litten. Mit diesen einfachen Fragen kannst du nicht nur Leben retten, sondern auch Leben voller Elend verhindern.

Meine Tochter Spirit

Ihr kennt meine Tochter schon. Ich habe sie euch bereits vorgestellt. Zusammen mit Joel Teutsch, den unsterblichen Yogis, die ich kennenlernte, Babaji und meiner Frau Katarzyna, gehört sie zu meinen großen Meistern. Spirit wurde unter Wasser geboren. Hier ist die Geschichte ihrer Geburt.

Unterwassergeburten werden in Amerika und in Westeuropa immer beliebter. Ich hoffe, diese Geschichte klärt euch etwas darüber auf. Wahrscheinlich können die Massen da noch nicht mitmachen. Aber denke du darüber nach.

Bekannt wurde diese Art der Geburt durch den Russen Tzarhovsky, der ein hervorragendes Buch schrieb, mit dem englischen Titel »Waterbabies«. In dem Buch erzählt er, wie er Katzen und anderen Tieren, ebenso wie auch Menschen, beibrachte, unter Wasser zu gebären.

Ich begegnete Menschen aus Hawaii, die unter Wasser geboren worden waren – im Meer –, lange bevor die Russen überhaupt daran dachten. Jahrhundertelang war dies in Hawaii Sitte.

Der Geist von Katarzyna und Leonard

Montag, den 8. April 1985, brachten Katarzyna und Leonard Orr ein wunderbar gesundes Mädchen auf die Welt – Espirit of Katarzyna. Ihr vollständiger Name lautet Imanuella Spirit Orrska.

Die Unterwassergeburt war vollendet. So vollendet jedenfalls, wie sie Menschen ausführen können.

Geburt ist etwas Natürliches.

Was für ein wunderschönes Baby! Als Katarzyna um halb sieben Uhr morgens mit Wehen erwachte, standen wir auf und gingen in das Badehaus, hier in Consciousness Village. Sie hatte schon den ganzen Tag zuvor Wehen gehabt. Nun wiederholten sie sich alle fünf Minuten. Wir gingen also zu den Bädern. Doch nach dreißig Minuten hörten die Wehen auf. Wir kehrten nach Hause zurück und legten uns früh schlafen. Die Natur kooperiert wunderbar mit dem Bewußtsein – nichts kann Katarzyna davon abhalten, rechtzeitig schlafen zu gehen, nicht einmal das Baby, auf das sie neun Monate lang gewartet hatte.

Dieses Muster änderte sich allerdings nach der Geburt. Katarzyna ist eine perfekte Mutter. Sie war bereit, dem Wahnsinn nahe zu kommen, um sich an Spirits Schlafgewohnheiten anzupassen.

Spirit hat mich gerade beim Schreiben unterbrochen. Sie ergriff meinen Finger und hielt ihn eine Stunde lang fest. Sie kam als kräftiges Kind auf diese Welt. Sie hielt meinen Finger eine Stunde lang und schaute mir in Abschnitten von fünf Minuten in die Augen. Nie habe ich ein Baby gesehen, das sich so konzentrieren kann.

Wir hätten uns nicht unbedingt schon um sieben Uhr morgens ins Bad begeben müssen. Doch ich wollte ganz sichergehen, bereits im Wasser zu sein, wenn die Fruchtblase platzte. Ich hatte mit vielen Eltern gesprochen, die ihr Kind unter Wasser geboren hatten. Es scheint viel besser zu sein, wenn die ganze Geburtsarbeit im Wasser vor sich geht.

Dabei scheint es auch in Ordnung zu sein, sich erst dort hineinzubegeben, nachdem die Fruchtblase geplatzt ist. Ich sprach mit vielen Paaren, die dies so gehandhabt haben. Dem Baby passiert nichts, denn die Nabelschnur versorgt es mit Sauerstoff aus der Plazenta. Babys besitzen automatische Reflexe, die sie daran hindern, Wasser einzuatmen.

Der Atemmechanismus befindet sich neun Monate lang im Wasser. Der Übergang geschieht erst dann vollständig, wenn die Nabelschnur durchtrennt wird und das Baby die Luft durch seine eigene Lunge einatmet.

Wenn die Mutter sich erst ins Wasser begibt, nachdem die Fruchtblase geplatzt ist, kommt das Baby meist sehr schnell heraus. Wenn jedoch alle Geburtswehen unter Wasser stattfinden, hat es das Baby offensichtlich weniger eilig, Luft einzuatmen. Meiner Meinung nach, beginnt sich der Atemmechanismus des Babys an die Luftannahme anzupassen, wenn die Fruchtblase platzt. Also bedeutet es für das Baby eine unnötige Belastung, dann noch eine weitere Stunde unter Wasser zu bleiben. Es ist besser, es befindet sich bereits im Wasser, wenn die Blase platzt. In solchen Fällen bleiben die Babys gerne noch lange, nachdem sie den Mutterleib verlassen haben, unter Wasser.

Das Phoenix-Badehaus in Consciousness Village ist aus verschiedenen Gründen für Unterwassergeburten besonders geeignet.

- Die chemische Komposition des Wassers ist so, wie sie sein soll. Das Wasser ist rein, gut für die Haut und auch zum Trinken geeignet. Unser Baby fühlte sich darin sehr wohl. Es wäre ewiglich darin geblieben.
- Die Temperatur ist genau richtig – etwa die gleiche Temperatur wie im Mutterleib.
- Wir haben fließendes Wasser. Das Wasser läuft andauernd frisch durch die Becken. In keinem Haus hat man so viel heißes Wasser zur Verfügung. Doch in Campbell Hot Springs fließt das heiße Wasser vierundzwanzig Stunden am Tag – schon seit Tausenden von Jahren. Welch ein Überfluß!
- Es ist wichtig, daß das gebrauchte oder abgekühlte Wasser sofort abfließen kann. Damit reinigt es sich auch immer wieder von Schmutz, schlechten Vibrationen und anderen Unreinheiten. Wir können das Wasser einer Wanne in wenigen Minuten austauschen. Die Wanne ist etwa einen Meter breit und zweieinhalb Meter lang.

Wir tauschten das Wasser einmal aus, als sich Schleim aus Katarzynas Leib löste.

Während heftiger Wehen entleerte sich ihr Darm ins Wasser. In jeder anderen Wanne hätte das die Unterwassergeburt verdorben. Wir ließen jedoch das Wasser einfach nur heraus, während neues einlief.

Bevor der Kopf des Babys hervorkam, platzte die Blase, und eine große Menge Blut kam herausgeschossen. Doch auch dies wurde sofort abgesaugt und verschwand. Das Baby wurde dadurch nicht gestört. Und wir konnten weiterhin zusehen.

Wir ließen das Wasser noch einmal abfließen, als die Plazenta herauskam.

Und wir verringerten die Wassermenge in der Wanne, damit Katarzyna sich leichter ausruhen und etwas später dem Kind besser die Brust geben konnte.

Schließlich wechselten wir das Wasser zwei Stunden nach der Geburt, bevor wir die Nabelschnur durchtrennten.

Für all dies ist es natürlich von unersetzbarem Wert, heiße Quellen zu haben. Ich würde gerne das Phoenix-Badehaus in einen Ort verwandeln, wo Menschen Unterwasser-Geburten erleben können.

Eine bewußte Schwangerschaft, in der sich Mutter und Vater zusammen auf die Geburt vorbereiten, scheint mir von großer Bedeutung zu sein. Der Vater sollte die Schwangerschaft genauso bewußt erleben wie die Mutter.

Während der Schwangerschaft sollte man sich ganz und gar der spirituellen Reinigung unterziehen. Das Karma einer Nation manifestiert sich in der Art, wie Kinder behandelt werden. Und dies beginnt während Schwangerschaft und Geburt.

Da ich schwangeren Frauen bewußtes Atmen beibrachte, merkte ich auch, wie ein Baby Energie aufsaugt, Bio-Energie, oder wie immer wir es nennen wollen. Das Baby baut damit seinen Körper auf. Es ist ungeheuer wichtig, daß Mütter und Väter dies nicht vergessen. Sie sollten viel in die Natur gehen, sich in einer spirituellen Gemeinschaft aufhalten, soviel wie möglich mit sich alleine sein und sich immer wieder spirituell reinigen. Denn das ungeborene Kind hat die Fähigkeit, beide Eltern zu transformieren.

Die Mutter bezieht viel Kraft durch das zusätzliche Wesen in ihrem Körper. Dadurch können sowohl sie wie auch ihr Mann verwandelt werden. Die meisten Menschen verpassen diese Möglichkeit, weil sie zuviel zu tun haben.

Doch nicht allein in der Schwangerschaft liegt ein wichtiger transformierender, spiritueller Aspekt. Meiner Meinung nach bedeutet die Menstruation ein äußerst machtvolles, spirituelles und natürliches Instrument zur Reinigung. Die Frauen übernehmen diese Aufgabe sozusagen für die ganze Menschheit, und ohne diese ständige Reinigung wären wir wohl in spiritueller, mentaler und physischer Hinsicht in einem schlimmen Zustand. Frauen unterziehen sich meist unfreiwillig dieser Reinigung, die für unsere ganze menschliche Rasse unerläßlich ist, doch sie können diese spirituelle Aufgabe der Klärung von Geist, Erde, Luft, Wasser, Feuer und Beziehungen bewußt durchführen. In den Frauen liegt eine große Kraft, ein Grund mehr für mich, sie sehr zu respektieren.

Während der Schwangerschaft gibt es jedoch keine Menstruation. Also muß der Mann für die spirituelle Reinigung der Familie, für das ungeborene Kind wie für seinen eigenen Körper sorgen. Jetzt wird er zum Müllsammelplatz aller negativen Energie.

Es ist während der Schwangerschaft besonders wichtig, Grundübungen zu machen, die mit Erde, Luft, Wasser, Feuer und Geist in Verbindung stehen.

Geist: Verbessere deine Gedanken, und schließe Gott in sie ein.
Erde: Meistere das Essen, und bewege dich.
Luft: Atme bewußt.
Wasser: Bade morgens und abends.
Feuer: Führe regelmäßig Feuerzeremonien durch.
Beziehungen: Lebe in Liebe und Weisheit.

Schwangere Frauen sollten, so meine ich, so viel Zeit wie möglich alleine sein. Nicht nur, weil der Fötus Energie braucht, sondern auch weil die reine Seele, die in dir ist und an deinem Geist und Körper teilhat, jetzt völlig heilen kann.

Katarzyna und ich fühlten uns beide durch unser ungeborenes

Kind geheilt, und zwar mehr als in jeder Selbsterfahrung. In anderen Worten: Ich hatte mehr Rebirthing-Erfahrungen während der Schwangerschaft meiner Frau als zu irgendeiner anderen Zeit. Kinder sind, bevor sie geboren werden, äußerst rein und haben viel Kraft. Aber man muß auch in sie hineinhören. Sie sind frisch gereinigte Seelen. Geschenke Gottes, die uns heilen sollen. Wir hatten hier in Campbell Hot Springs schon zwei Wassergeburten vor der Geburt unserer Tochter. Eine 1979 und eine 1983. Ich habe bewußt versucht, alle, die sich zu einer Unterwasser-Geburt entschlossen hatten, zu entmutigen, um ihren Mut zu prüfen. Man braucht Mut dazu. Jeder versucht, einen davon abzubringen. Alle Menschen fürchten sich vor der Geburt. Alle rieten uns davon ab, die Geburt alleine zu erleben. Ohne Unterstützung von einem Arzt, einer Hebamme, Freunden oder Verwandten. Es war unsere ganz persönliche Angelegenheit. Dabei hatten weder Katarzyna noch ich jemals zuvor eine Geburt erlebt.

Die Geburt ist eine private Angelegenheit zwischen Mann und Frau, genauso wie der Vollzug ihrer Ehe, bei der auch niemand dabei sein würde. Dies war mir ganz klar. Aber Katarzyna reagierte in den ersten sechs Monaten wild auf diesen Gedanken. Erst im allerletzten Monat gab sie nach. Dies war den Ärzten selbst zu verdanken. Sie zeigten sich alle so wenig feinfühlig und so inkompetent, daß sie die Überzeugung gewann, wir selbst könnten es auch ohne die uns fragwürdig erscheinende Unterstützung schaffen.

Wir begannen, Hebammen und Geburtshelfer zu befragen. Und mir war schon im dritten Monat der Schwangerschaft klar, daß ich niemandem erlauben würde, während der Geburt bei uns zu sein – keine Professionellen, Freunde oder Verwandte.

Katarzyna kommt aus Polen, einem kommunistischen Land. Sie wuchs mit der Formel auf, daß »sie« schon alles für sie besorgen würden. Wir stritten uns viel über dieses Thema. Zwischendurch hatte ich den Gedanken an eine Unterwassergeburt bereits aufgegeben und war bereit, sie das Baby in einem Krankenhaus zur Welt bringen zu lassen.

Kürzlich sagte sie mir, wie wichtig es für sie war, so viel über die Geburt zu erfahren. Ich zeigte ihr Filme, gab ihr Bücher, wir befragten Ärzte und andere Rebirthers, die Erfahrungen mit dem Thema Geburt besaßen. Wir fühlten uns geführt mit unseren Erfahrungen. Menschen tauchten in genau den passenden Augenblicken auf, um uns besondere Botschaften zu übermitteln. Und jetzt bestaunen wir ein vollendetes Baby, das gerade in diesem Augenblick friedlich zwischen uns beiden schläft. Wir erlebten eine wunderbare Unterwassergeburt, die wir ganz alleine durchführten. Katarzyna ist heute froh, daß wir so gehandelt haben. Sie ist stolz auf sich. All die Kämpfe, die wir ausstehen mußten, waren notwendig, um uns auf die Gegenwart vorzubereiten.

Dieser Selbstgang gefällt Ärzten und Hebammen meistens nicht, weil sie sich nutzlos fühlen. Sie sind völlig anders ausgebildet und ausgerichtet, außerdem beziehen sie aus ihren Berufen im Gesundheitswesen ihre Anerkennung und ihr Geld. Mir war jedoch unsere Entscheidung lieber, dennoch hatten wir eine Krankenschwester, die einige Wochen vor und nach der Geburt zu uns kam und uns beriet.

Zurück also zu der Geschichte der Geburt unserer kleinen Spirit.

Um sieben Uhr morgens waren Katarzynas Wehen recht stark. Doch sie nahm dies entspannt hin. Gegen zehn Uhr jedoch war sie erschöpft. Sie wollte ins Krankenhaus und mit Hilfe von Medikamenten die Geburt schnell hinter sich bringen. In diesem kritischen Augenblick führte ich sie ins Rebirthing. Sie war voll geworden und hatte zu viel durch den Mund geatmet. Ich führte sie wieder zurück zur Nasenatmung. Dies entspannte sie zwischen den verschiedenen Wehen. Während der Geburt spielt zwar auch die Mundatmung eine Rolle. Doch der Organismus kann nicht die ganze Energie integrieren, wenn man nicht auch durch die Nase atmet. Man muß also ständig experimentieren und zwischen Mund- und Nasenatmung hin und her probieren. Dies war die erste Geburt, mit Ausnahme meiner eigenen, der ich beiwohnte. Und sie bestätigte meine Rebirthing-Arbeit ganz und gar. Für mich gab es keinen großen Unterschied. Gebären und Rebirthing sind sehr ähnlich, wenn man genügend Übung darin hat.

Im Grunde war die Geburt einfach. Das Schwierigste daran war, Katarzyna während ihrer Wehen zum Atmen zu bringen. Und dennoch fühlte ich während vier verschiedener Augenblicke Panik.

Erstens, als Katarzyna meinen Anweisungen nicht folgen wollte. Während des Gebärens oder des Rebirthing ist es äußerst wichtig, sich an keinem Denkmuster festzuhalten. Man sollte dem Energiefluß und der intuitiven Weisheit gegenüber völlig geöffnet sein. Als sie mich bat, sie ins Krankenhaus zu bringen, fragte ich mich vorsichtig, ob ich das nicht vielleicht doch tun sollte. Es beängstigte mich nicht. Als sie mich bat, ihr krampflösende Mittel zu geben, fühlte ich auch keine Angst. Doch als irgendwann ihr Atem immer geringer wurde und ich glaubte, sie würde aus Angst und Schmerz ohnmächtig werden, stieg Angst in mir hoch. Doch nach ihrem kurzen Kollaps mußte sie einfach nur meinen Anweisungen folgen – wie sooft beim »Rebirthing« –, und es wurde immer einfacher. Sie hatte ihren Trotz überwunden.

Zweitens, als das Baby in der Fruchtblase hervorzutreten begann, fühlte ich es mit meiner Hand. Ich dachte, Katarzynas ganzer Uterus käme mit. Auch da fühlte ich Panik – aufgrund meiner Unkenntnis. Es handelte sich nur um die Fruchtblase.

Drittens, die Blase platzte, bevor der Kopf völlig hervorgetreten war. Und das Blut schoß nur so heraus. Ein Arzt hatte uns gesagt, daß Katarzynas Blut wenig Eisen enthielt und sie deshalb zu Tode bluten könnte. Als ich so viel Blut sah, dachte ich, er habe vielleicht recht gehabt. Doch als der Kopf des Babys ganz hervorgetreten war, hörte sie auf zu bluten. Das Blut floß gleich aus der Badewanne ab. Spirit kam jetzt ganz heraus und sah so gesund und stark aus, daß ich ganz erstaunt war.

Und viertens, obwohl ich das Buch über die Wassergeburt gelesen und auch Filme darüber angesehen hatte, war ich nicht darauf vorbereitet, daß mein kräftiges und aktives kleines Mädchen ihre

Augen und ihren Mund unter Wasser öffnete. Sie fuchtelte mit Armen und Beinen.

Sie öffnete sich ganz unter Wasser. Doch ich mißverstand ihren Gesichtsausdruck. Sie war angespannt. Aber nicht, weil sie sich unter Wasser befand. Sie war gerade erst herausgekommen. Sie fühlte sich verwirrt. Mein Verstand sagte mir, sie sei nicht dabei zu ertrinken. Doch stell dir einen Menschen vor, der mit Armen und Beinen strampelt und dich mit weit geöffneten Augen voller Angst ansieht. Es schien einfach unnatürlich zu sein. Und dabei war es die natürlichste Sache der Welt. Aber du mußt mehr als eine Unterwassergeburt gesehen haben, um dies emotional hinzunehmen. Jetzt sah es so aus, als atmete sie Wasser ein.

Die Panik, die ich fühlte, ließ mich jedoch keinen dummen Fehler machen. Dennoch fiel es mir schwer, mich zu entspannen. Fünf bis zehn Minuten lang, nachdem sie ausgetreten war, blieb sie unter Wasser. Doch es hätte genausogut auch zwei- oder dreimal so lang sein können. Man erzählte mir von Babys, die über eine Stunde lang nach ihrer Geburt unter Wasser blieben.

Während der letzten Stunde hatte Katarzyna wie wild gepreßt – zu stark fand ich. Doch diese Wassergeburt war perfekt. Es war eine normale, gesunde Geburt. Sie enthielt nicht ein einziges Zeichen meines eigenen Geburtraumas.

Die Tatsache, daß man meine Nabelschnur zu früh durchgeschnitten hatte, hatte in mir mein Leben lang psychophysisches Elend hervorgerufen, das sich auch als Geschäftstrauma manifestierte. Doch allmählich bin ich dabei, dies zu überwinden.

Der Gedanke allein, die Nabelschnur meines Kindes durchschneiden zu müssen, ließ mich erschauern. Ich hatte gehört, daß man noch tagelang nach der Geburt an die Plazenta angeschlossen sein konnte. Also hatte ich es nicht eilig. Vier Stunden nach der Geburt begann die Plazenta jedoch zu bluten. Ich erschrak, denn ich dachte, mein Kind würde verbluten. Schnell beschloß ich also, die Nabelschnur abzubinden und durchzuschneiden.

Dazu einige Bemerkungen: Die Ärzte trennen die Nabelschnur sehr früh durch, aus Angst vor Blutungen. Die Leute, die die Plazenta noch Tage nach der Geburt angeschlossen lassen, tun dies jedoch nicht unter Wasser. Vielleicht bewirkte das warme Wasser einen Unterschied in dem Blutkreislauf zwischen Plazenta und Baby. Mich würde interessieren, was die Forschung dazu sagt.

Als das Baby herauskam, hatte es eine unbeschreibliche Hautfarbe – einen gesunden rosa Schimmer. Als die Plazenta jedoch zu bluten begann, wurde es, meiner Ansicht nach, blasser und fing an zu weinen. Ich weiß nicht, ob es meine Angst war, die auf sie überging oder der Schauer davor, die Nabelschnur zu durchtrennen. Vielleicht hätte ich die Plazenta oberhalb des Babys halten sollen. Jedenfalls war dies der richtige Moment, um die Nabelschnur durchzutrennen. Vielleicht hätte ich es eine Stunde früher tun sollen – drei Stunden nach der Geburt.

Doch gleich wurde ihre Hautfarbe wieder normal und schön. Wenn ich also einen Fehler begangen hatte, war er wiedergutgemacht worden.

Fünf Stunden nach der Geburt verbrachte ich mit unserer kleinen Spirit in der Wanne. Katarzyna mußte sich ausruhen. Sie benötigte dringend Ruhe. Sie hat nicht, wie ich, Tausende von Menschen durch Rebirthings hindurchgeführt. Ich war daran gewöhnt, zehn bis zwanzig Stunden am Tag in der Wanne zu verbringen. Die Geburt spannte mich zwar in mancher Hinsicht an, jedoch war sie für mich eine angenehme Erfahrung und nicht mit den gleichen Anstrengungen und Schmerzen verbunden, wie für Katarzyna.

Ich führte unsere Tochter durch fünf bis zehn Rebirthings, während der ersten fünf Stunden nach ihrer Geburt in der Wanne. Die ersten zwei Stunden nach der Trennung von der Mutter waren die wichtigsten. Sie brauchte etwa eine halbe Stunde, um sich zu entspannen. Dann versuchte sie, an Katarzynas Brust zu saugen, doch verlor bald das Interesse daran. Sie schlief im Wasser ein. Während sie schlief, öffnete sich ihr Atem völlig. Sie begann voll und frei zu atmen, so wie es Rebirthers tun.

Meiner Ansicht nach sind diese zwei Stunden im Wasser genauso wichtig wie die Unterwassergeburt selbst. Es ist in Ordnung,

88

wenn einer der Eltern gelegentlich ausruht und den anderen alleine mit dem Kind zurückläßt. Nachdem Katarzyna sich ausgeruht hatte und zu uns zurückkehrte, war sie überglücklich über das, was sie sah: Unser kleines Mädchen, das friedlich, voll und frei atmend in meinen Armen lag, von mir liebevoll behütet.

Die Geburt fand zwei Wochen zu spät statt. Das ist angeblich bei dem ersten Kind durchaus normal. Alle befragten Hellseher hatten sich, was das Geburtsdatum anging, geirrt. Und wir hatten uns alle in bezug auf das Geschlecht geirrt. Alle hatten einen Jungen vorhergesagt. Mich hatten Katarzynas Träume davon überzeugt, doch das Geschlecht unseres Kindes war mir gleichgültig. Ich hatte gedacht, die Geburt würde vorzeitig stattfinden. Katarzyna hatte eine Woche vor dem errechneten Datum Wehen. Eines Morgens, während ich badete, setzten sie ein. Doch sie stieg mit mir in die Badewanne, und sie hörten nach einer Stunde wieder auf. In der nächsten Nacht hatte sie wieder Wehen. Doch dann eine Woche gar nichts.

Einige Gedanken:
- Nach Spirits erster Nahrungsaufnahme übergab sie sich. Sie hatte nach der Geburt einfach kein Interesse am Essen. Sie begann erst am dritten Tag zu trinken. Vielleicht hängt das damit zusammen, daß die Plazenta noch einige Stunden an sie angeschlossen war oder auch daß ihr Vater öfters fastet.
- Myconium – so nennt man den Stuhl des Neugeborenen. Manche halten ihn für gefährlich, andere für harmlos. Ich glaube, Neugeborene sind unschlagbar. Das Myconium ist schwarz und zusammenhängend wie ein Band. Es hat so gut wie gar keinen Geruch. Sie produzierte es etwa vier Stunden nach der Geburt und auch während sie trank.
- Ihre Stirn war voller Runzeln, bis sie zum ersten Mal im Wasser einschlief. Seitdem ist ihr Körper offen und entspannt.
- Zur Wassergeburt möchte ich folgendes bemerken: Unser Baby ist das entspannteste und offenste Baby, das ich jemals gesehen habe.

- Sie hat bisher sehr wenig geweint. Sie probierte ihre Lungen einige Sekunden nach der Geburt aus. Etwa zwei Stunden nach der Geburt schrie sie ungefähr eine Minute lang sehr laut. Offenbar spiegelte sie Katarzynas Unwohlsein wider. Ich glaube nicht, daß ihr Weinen mit der Nahrung oder Hunger zusammenhängt, eher mit dem Wasserlassen. Doch andererseits hört sich ihr gelegentliches Weinen gesund an.

- Wir hielten sie so lange wie möglich von anderen Menschen fern. Kinder sollten ihre eigene Energie spüren, bevor sie anderen ausgesetzt werden.

- In der ersten Nacht erbrach sie mehr, als sie zu sich genommen hatte. Der Grund dafür könnte der Schock des Wechsels sein oder die Tatsache, daß sie vielleicht zu lang an die Plazenta angeschlossen war. Doch ihr Körper hatte immer eine gute Farbe. Und er ist wohlgenährt. Sie hatte einfach keinen Hunger.

- Was das Geburtstrauma der Wasserbabys betrifft: Es bedeutet einen Schock, sich plötzlich außerhalb der Gebärmutter zu befinden. Das ist natürlich für sie jetzt besser. Doch das wissen die Babys nicht, und sie sind anderes gewöhnt.

Der neue Raum ist für sie ungewohnt. Vor der Geburt fühlte sie immer die Gebärmutter um sich herum. Doch jetzt spürt sie nur ihr Bett und andere Körper. Am besten fühlte sich Spirit im Wasser. Doch können Menschen im Wasser nur atmen, wenn sie auf dem Rücken liegen. Sie jedoch versuchte ständig, sich umzudrehen und unterzutauchen. Dies ist ganz natürlich, wenn man bedenkt, daß sie die letzten Wochen mit dem Kopf nach unten in dem Uterus verbracht hat. Am glücklichsten ist sie, wenn sie auf dem Bauch auf Katarzynas oder meiner Brust liegt, größtenteils mit Wasser bedeckt.

Auch ist es sehr unangenehm, plötzlich einen leeren Mund zu haben. Ich selbst erinnere mich an mein Trauma, einen trockenen Mund zu haben, während der ersten Rebirthing-Sitzungen, die ich machte. Und auch, als ich Luft-Fastentage durchführte – drei Tage ohne Essen und Trinken. Ich habe das bisher dreimal

gemacht. Manchmal mußte ich immer wieder von vorne beginnen, weil der Durst mich übermannte. Man sollte sich nicht dazu
zwingen.

Der zweite Tag

An diesem Tag hatte sie beim Baden eine Rebirthing-Erfahrung.
Es war neun Uhr morgens, noch nicht einmal vierundzwanzig
Stunden nach ihrer Geburt. Sie hatte die meiste Zeit geschlafen
und kaum geweint. Sie sah zufrieden aus, aber hatte den Wechsel
noch nicht ganz assimiliert.

Ihr Bad war erstaunlich. Sie wimmerte ein wenig, als ich sie ins
Wasser legte, als wollte sie sagen: »Bitte nicht noch einmal!«
Doch dann entspannte sie sich. Sie spielte und hatte Lust zu
tauchen und zu schwimmen. Doch das ließ ich nicht zu. Ich
konnte beobachten, wie gelegentlich einige Sekunden lang unangenehme Geburtserinnerungen in ihr aufstiegen. Sie schlief auf
der Brust ein. Es schien ein äußerst friedlicher Schlaf zu sein. Sie
fühlte sich völlig sicher. Nach etwa einer Stunde saugte sie noch
einmal an der Brust und übergab sich.

Nach dem Bad gingen wir ans offene Feuer. Sie reagierte auf die
Feuer-Energie und mochte sie.

Gegen Mittag, nach ihren ersten vierundzwanzig Stunden,
schlief sie friedlich. Katarzyna fühlte sich schwach und mußte
sich ebenfalls ausruhen. Wir waren beide voller Liebe und Aufre-
gung die ganze Nacht wach geblieben. Ich fühlte mich plötzlich
voller Energie und hatte Lust zu arbeiten.

Ich ließ Katarzyna und Spirit etwa eine Stunde lang alleine. Doch
dann fing Spirit an zu weinen, und Katarzyna konnte sie nicht
trösten.

Also sagte ich Katarzyna, sie solle schlafen gehen, und nahm
unser weinendes Mädchen mit in mein Arbeitszimmer. Offenbar
hatte Spirit irgendwelche Energien aufgenommen, die sie stör-
ten. Doch sie wußte sich selbst zu helfen. Sie beruhigte sich
schließlich, und Katarzyna konnte ausruhen.

Ich bat jemanden, mir eine Schale mit Cornflakes, Milch und Honig zu bringen. Spirit sog lieber an meinem Finger als an Katarzynas Brust. Sie mochte es nicht, wenn ich den Finger krümmte, doch sie mochte den Nagel. Er schien sie an ihren eigenen zu erinnern, an dem sie offenbar im Mutterleib viel gesaugt hatte – was sie immer noch gerne tut. Doch meiner war größer und konnte sie besser zufriedenstellen.

Ich hörte in mich hinein und bekam die Botschaft, daß es durchaus in Ordnung war, sie die Milch und den Honig probieren zu lassen. Ich mußte mir keine Sorgen machen um dieses Kind. Sie liebte es. Nach einigen Tropfen war sie völlig zufrieden. Sie verbrachte den Nachmittag auf meinem Schoß. Ich sagte meine Mantras auf, erledigte einen Teil der Post und Telefonanrufe und meditierte über meine Tochter. Ich meditierte darüber, was ich wohl gerne gehabt hätte, als ich geboren wurde. Ich wiegte sie hin und her. Und sie schien das zu mögen.

Sie schlief einige Stunden auf meinem Schoß, ihre Hand um meinen Finger gerollt. Es war so schön, Händchen zu halten. Doch kurz bevor sie einschlief, konnte ich ihr und Katarzynas Trauma in ihrem Gesichtlein sehen:

Wo bin ich? Wie bin ich hierher gekommen? Was tue ich hier? Wenn eine alte Seele in diesem Baby ist, manifestiert sie sich durch reine Energie. Der physische Tod und die Astralwelt waren sicher Erfahrungen spiritueller Reinigung. Menschen müssen genügend Unschuld und Reinheit haben, um wieder als Baby in die physische Welt einzutreten. Heute sehnte sie sich offenbar nach dem Mutterleib. Doch ich entspannte mich mit ihr, und wir erhielten gemeinsam Lichtenergie.

Unser Baby hat relativ wenig Ängste. Meistens ist sie offen und möchte lernen. Katarzyna agierte ihre Ängste bei der Geburt aus. Doch das war eine sehr klärende Erfahrung. Meine Frau ist großartig. Sie lernt schnell. In den meisten Dingen ist sie mir voraus. Sie ist ein füllendes Wesen, eine wirkliche Frau. Sie hat große Achtung vor sich selbst. Sie ist nicht nur in der Lage, mit mir fertig zu werden, sondern sie kann auch ihre Position völlig fallenlassen, wenn sie sie als sinnlos ansieht.

Das ist wahre Selbstachtung. Die Fähigkeit, sich in den Geist hineinzufühlen und über den Dingen zu stehen. Ich liebe meine Frau, was sie für ganz normal hält. Das ist es auch für uns.

Wir sind jetzt achtzehn Monate zusammen und hatten nur fünf schlechte Tage. Drei davon sind auf ihre Probleme mit ihrem Vater zurückzuführen. Ihre Mutter ist eine äußerst spirituelle Frau – ruhig und liebevoll. Aber auch eine typische, besitzergreifende polnische Mutter. Ihr Vater ist krank und neigt zu Wutausbrüchen. Was schließlich dazu führte, daß die Familie sich von ihm trennte.

Im letzten Herbst ergriff der Zorn des Vaters völlig Besitz von Katarzyna. Vierundzwanzig Stunden lang erlebte sie einen völlig unsinnigen Zorn. Drei Wochen lang geschah dies jeweils einmal in der Woche – jeden Mittwoch. Ich konnte in diesen Augenblicken ihren Vater so deutlich widerspiegeln – ich hatte ihn nie getroffen –, daß sie das Muster erkannte und beim dritten Mal damit fertig wurde.

Ich bin glücklich verheiratet. Wir sind uns in jeder Hinsicht genug. Wir haben eine perfekte Beziehung.

Und jetzt ist es wunderbar zuzusehen, wie das kleine Mädchen sich entwickelt. Es macht mir Freude, Menschen eine sichere Umgebung zu bieten, so daß sie sich selbst entdecken können. Durch diese Energie werden Menschen wirklich produktiv und erkennen ihr kreatives Potential.

Ich glaube, ich heiratete Katarzyna aus verschiedenen Gründen. Abgesehen natürlich davon, daß sie ein kraftvolles, schönes, liebevolles und intelligentes Wesen ist, gibt es noch zwei versteckte Gründe:

- Seitdem sie ein Baby war, badet sie zweimal am Tag. Deshalb ist ihre Energie äußerst angenehm.
- Ich glaube, Babaji verheiratete uns vor dreihundert Jahren nach seinem eigenen Plan. Ich glaube, er inszenierte unser Treffen und bereitete mich in diesem Leben darauf vor. Er schrieb mir einen Brief, als ich zweifelte, und führte mich sanft in diese Ehe.

Ihre Liebe besiegt mich immer. Liebe ist die Quelle des Vertrauens und der Kraft in Beziehungen. Die höchste Beziehung ist eine Beziehung der Freundschaft.

Katarzyna war neunzehn, als wir uns kennenlernten. Jetzt ist sie einundzwanzig Jahre alt. Sie hatte kein Geld und keine Berufsausbildung. Sie versprach, eine gute Frau zu werden. Ich wußte nicht, wie sehr sie sich Kinder wünschte, bis sie schwanger wurde. Sie wurde schwanger, während wir uns auf einer Reise rings um die Welt befanden. Jede Nacht hielten wir in einer anderen Stadt ein Seminar. Katarzyna wurde morgens übel. Und sie übergab sich in allen Ländern Europas. Uns war klar, daß wir nach Hause fahren sollten. Wir änderten unsere Pläne, kürzten die Reise ab und arbeiteten zu Hause weiter.

Seit ich wieder in Kalifornien war, kamen die verschiedensten Arten von Ängsten in mir hoch. Nach zweiundzwanzig Jahren Rebirthing befreite sich mein Atem endlich im letzten Oktober. Manchmal, wenn ich morgens mein Bad nahm, erinnerte ich mich bis zu zwei Stunden lang an meine Geburt. Meine finanzielle Situation hatte mich genauso erstickt wie die Nabelschnur im Mutterleib. Als ich geboren wurde, hatte sich die Nabelschnur zweimal um meinen Hals geschlungen. Meine Mutter hatte mich nie gewollt.

Kurz vor Spirits Geburt und auch jetzt fühle ich mich frei. Mein Leben funktioniert wieder. Meine Tochter hält mich davon ab, dumme Fehler zu begehen.

Jetzt habe ich zwei Schätze, auf die ich aufpassen kann und die auf mich aufpassen. Ich liebe das. Ich liebe mein Leben.

Wir haben ein wunderschönes, gesundes Mädchen. Sie hatte eine perfekte Unterwassergeburt. Spirit und ich verbrachten einen wunderschönen Nachmittag zusammen. Vielleicht wird sie mir dabei helfen, einige Bücher zu Papier zu bringen, damit sie veröffentlicht werden können.

Als ich an diesem Nachmittag Spirits Windeln wechselte, erhob sie sich auf ihre Hände und Knie und begann, vom Bett hinunterzukrabbeln.

Der dritte Tag

Offensichtlich konnte Spirit Auras und spirituelle Wesenheiten sehen, die ich nicht sah. Manchmal fühlte ich sie. Babaji erscheint ihr fast täglich.

Babys erfahren hohe Meditationszustände im Mutterleib. Sie war an diesem Tag friedlich und spielerisch und schaute sich im Zimmer nach Dingen oder Wesen um, die ich nicht sehen konnte.

Ich sprach mit Kindern, deren Gedächtnis weit in die astrale Welt vor ihrer Geburt hinausreicht. Einige Wissenschaftler meinen, Kinder könnten sich nicht konzentrieren. Die Wahrheit ist, daß sie sich nicht auf das Ego des Wissenschaftlers konzentrieren, weshalb dieser gekränkt ist. Sie schauen auf unsere Aura.

Spirit war ganz aufgeregt über das, was sie gerade sehen konnte. Meine Aura und die anderen Dinge, die sie erblickte, waren für sie viel interessanter als ich selbst. Sie konnte fünf bis zehn Minuten in meine Augen starren, ohne wegzuschauen. Doch die meiste Zeit sah sie auf meine Aura.

Zwei Monate später

Das meiste, was ich über Spirits Geburt schrieb, schrieb ich eine Woche nach der Geburt. Jetzt haben wir den 8. Juni. Spirit ist zwei Monate alt. Ich habe viele Beobachtungen gemacht.

Katarzyna ist eine perfekte Mutter. Sie ist als Mutter geboren worden. Sie gibt Spirit all ihre Aufmerksamkeit und Liebe. Ich bin froh, daß ich ihr dabei helfen kann.

Ich machte mit Spirit jeden Tag ein Rebirthing. Im Bad erinnerte sie sich manchmal an ihre Geburt. Ich entdeckte auch eine spezielle Technik, um Neugeborene durch ein Rebirthing zu führen. Wenn ich meine Hände gegen ihre Füße stemme, erinnert sie sich an die Geburt. Vor allem, wenn sie auf dem Bauch liegt, mit angezogenen Knien. Dann schiebt sie meine Hände weg. Und dieses Schieben erinnert sie daran. Sie schreit und stöhnt genauso wie Katarzyna während der Geburt. Sie weint nicht, sie schreit. Nachdem sie sich einige Male über das Bett geschoben hat, zeigt sie einen ganz erstaunlichen Ausdruck von Zufriedenheit und getaner Arbeit auf dem Gesicht.

Sie liebt es, angeregt zu werden. Ich verstehe, warum afrikanische Stämme ihren Kindern am ersten Tag nach der Geburt das Laufen beibringen – wie bei Pferden, Kälbern, Katzen und Hunden. Meine kleine Spirit war am zweiten Tag dazu bereit. Wir dagegen waren es noch nicht.

Bald nach ihrer Geburt mußte ich fünf Tage lang nach Los Angeles reisen. Als ich zurück kam, ging Spirit durch ihr bisher intensivstes Rebirthing. Ich habe einige Dutzend Kinder durch Rebirthings hindurchgeführt. Sie haben vollendete Energiezyklen genau wie Erwachsene, nur von kürzerer Dauer. Meistens treten und schreien sie, als ob sie ihre Geburt noch einmal durchmachten. Doch an einem gewissen Punkt beginnen sie vollständig einzuatmen und hören auf zu weinen. Ihre Atemzüge verbinden sich, ihre Körper füllen sich mit Energie, sie entspannen sich und schlafen wie glückselige Engel ein.

Dies geschah mit Spirit, als wir nach meiner Rückkehr zum ersten Mal zusammen badeten.

Den ganzen Mai hindurch mußte ich nach Europa und Nepal. Die Trennung bereitete mir Sorgen. Aber ich meditierte darüber und stellte fest, daß dies nichts ausmachte. Die meisten Menschen haben vor Kindern und Babys Angst, wenn sie sie nicht kontrollieren können, genauso wie die meisten Menschen Angst vor dem reinen Geist haben. Eine zu enge Verbindung ist nur dazu da, den Eltern Liebe zu vermitteln. Sie hoffen, daß dieses völlig abhängige Geschöpf sie mehr lieben wird als irgend jemand sonst.

Natürlich stimmt es, daß Babys abhängig und hilflos sind.

Als ich von meiner Reise zurückkehrte, waren Spirit und ich gleichermaßen verbunden wie vorher. Genau nach einer Stunde floß die Energie genauso wie vordem. Katarzyna dagegen war mit Spirit auf eine leicht neurotische Weise verbunden. Sie wollte sie immer zufrieden sehen und wurde ganz verrückt, wenn Spirit weinte. Dann tat sie alles, um sie zur Ruhe zu bringen. Ich glaube an die Befreiung der Kinder. Ich glaube daran, daß sie das Recht haben, ihren Gefühlen Ausdruck zu verleihen, und auch von Zeit zu Zeit unglücklich zu sein.

Wenn also Spirit sich emotional ausdrückt, gebe ich ihr den Raum dazu. Katarzyna wirft mir das vor und unterbricht Spirits Ausdrucksbedürfnis.

Heute, als Katarzyna einkaufen ging, machte Spirit einen vollendeten Zyklus durch. Sie schrie so lange, wie sie wollte.

Ich möchte dazu eine Beobachtung anmerken, für diejenigen, die wissen, worüber ich spreche. Während jedes Rebirthing findet ein Austausch von Energie statt. Der Rebirther erhält Energie. Dies trifft vor allem dann zu, wenn es sich um Kinder und Babys handelt. Ich habe immer das Gefühl, daß Babys mein eigenes Geburtstrauma, so wie auch ihr eigenes, reflektieren. Babys machen mich unsicher, sie machen mich sanft und feinfühlig. Das ist gut.

Während sie schreien, habe ich meistens das Gefühl, daß dies ewig anhalten wird. Das ist, glaube ich, auch mein eigenes Problem. Ich fühle mich, als wäre ich in eine Falle geraten und als könne ich nicht wieder heraus. Unsere Erfahrung von Zeit wird im Mutterleib und während unserer ersten Kindheit geformt.

Dies ist die Geschichte von Spirits Geburt und von wichtigen Ereignissen davor und danach.

Meine Frau badete seit dem ersten Tag ihrer Geburt zweimal am Tag. Ich hingegen badete nur einmal in der Woche. Erst als ich 1978 in Indien unsterbliche Yogis kennenlernte, begann ich, zweimal am Tag zu baden.

Meine Frau war nur zweimal in ihrem Leben krank. Und das ist kaum der Rede wert.

Das eine Mal war einige Wochen nach der Geburt, das andere kurz nachdem sie in die Schule gekommen war. Ich glaube, es hängt mit der Energie anderer Kinder zusammen. Der Schulbeginn ist eine wichtige Erfahrung. Wir beginnen mit der Energie der Menschen, die wir täglich treffen, zu arbeiten. Es ist erstaunlich, wie unser Energiekörper sich anpassen kann. In gewisser

Hinsicht ist unsere natürliche Göttlichkeit unzerstörbar, doch andererseits ist sie äußerst sensibel. So können auch Gebäude Energie aufnehmen und speichern, was Kinder verstärkt spüren.

Spirit ist inzwischen fast ein Jahr alt. Sie badet zweimal am Tag und bleibt deshalb gesund. Sie hatte bisher keine Kinderkrankheiten. Sie war überhaupt nur einmal einige Minuten lang krank. Sie übergab sich einmal, als Katarzyna sehr wütend war. Auch Katarzyna und ich wurden im gleichen Augenblick krank. Ich habe das Gefühl, Spirit heilt irgend etwas in uns. Das ist ihr Job. Unsere Tochter ist eine große Heilerin.

Noch einige wichtige Gedanken

»So sehen die Schüler die höchste Erfahrung des Eins-Seins. Wir beginnen erst den Prozeß der Selbstverwirklichung, wenn wir genügend mentale Ruhe erlangen, um uns auf die unendliche Intelligenz und unseren Energiekörper einzustimmen. Denn wir können mit der wirklichen Reinigung erst beginnen, wenn der Geist still ist und von nichts mehr gestört wird, wenn die Identität mit dem Körper aufgehoben ist. Wenn der Geist ruhig ist, erwacht die Seele aus ihrem ewigen Schlummer, mit einer Erfahrung von göttlicher Glückseligkeit und unendlicher Herrlichkeit. Die Dualität verschwindet im stillen Licht nicht trennender Einheit. Dieses Licht ist nicht gebunden, es ist eins. Es bringt die Macht des Bewußtseins hervor. Ist das universelle Bewußtsein einmal erwacht, erfährt der Schüler seinen Körper vollständig.«

Dieses Zitat stammt aus dem Buch »Gorakhnath and the Kanphaata Yogis« von George Weston Briggs, welches 1938 in Delhi erschien. Dem Buch liegt eine gute Forschung zugrunde, nur ist der Autor nicht in der Lage, mit seinem rationalen Verstand an die physische Unsterblichkeit zu glauben. Er muß deshalb die historischen Tatsachen manipulieren, damit sie in seine Vorstellungen von der Begrenzung der Lebensspanne eines Menschen passen.

Ich mag das Buch, weil es alte Dokumente abdruckt, die die augenblicklichen Lehren Gorakhnaths wiedergeben. Das wichtigste Dokument heißt Goraksa Satakaa. Es beginnt damit, die Wiederholung des Wortes AUM, ein Name Gottes, als höchste Form der Meditation zu praktizieren. In den hunderteins Versen dieser Lehren wird immerzu der Atem genannt. Es endet mit erstaunlichen Versprechen an die Menschen, die die oben genannte Übung ausüben. Hier sind einige Zitate daraus. (Nadis sind feinste Energiekanäle und befinden sich auch innerhalb der Nasenlöcher – auf deutsch könnten wir die dort verdichtet auftretenden Bahnen auch Knoten nennen.)

»Solange die Energie im Körper bleibt, verschwindet das Leben nicht. Wenn die Energie geht, stellt sich der Tod ein. Deswegen sollte man sich darin üben, den Körper voller Energie zu erhalten.
Solange der Körper Energie enthält, ist das Bewußtsein gesund. Es gibt keinen Grund, sich vor dem Tode zu fürchten, solange der Energiekörper rein und ausgeglichen ist.
Wenn die ganze Gruppe der Nadis, die normalerweise voller Ausscheidungen sind, gereinigt ist, wird der Yogi in der Lage sein, die Lebensenergie aufrechtzuerhalten.
Nach drei Monaten Übung wird die Gruppe der Nadis des Ausübenden rein.
Durch die Reinigung der Nadis wird die Energie, so wie man es sich wünscht, erhalten. Die Verdauung wird angefeuert, man hört im Inneren Klänge, und man hat keine Krankheiten.«

Gorakhnath sagt dir, du sollst mit dem Namen Gottes AUM meditieren. Du hörst ihn, wenn du auf die Stille innerhalb deines Körpers lauschst. Diese Meditation und die bewußte Atemenergie sind die Geheimnisse, die zu Gesundheit, Langlebigkeit und Meisterschaft über den Körper führen. Beschränke dich jedoch nicht auf diese Übungen. Es gibt viele andere angenehme und schöne spirituelle Übungen. Zum Beispiel liebe ich es, überall in der Welt Kathedralen und Tempel zu besuchen.
Das andere Buch heißt »Philosophy of Gorakhnath« von Adashaya Kumar Banerjea und ist 1962 erschienen. Es ist das beste philosophische Buch, das je in meine Hände fiel. Unglaublich, wie wenig wir in der westlichen Tradition davon zu sehen bekommen. Ich gebe die Zitate in leicht verständlicher Sprache wider.

»In anderen Worten, dieser Körper wird unsterblich und gegen die verderblichen Angriffe der Zeit unantastbar. Der Schüler wird wissend. Die leuchtende Form, die das Wesen des Geistes ist, wird dann eins mit dem universellen, unerschaffenen Licht des schon Erkannten. Dies geschieht durch einen beständigen Forschungsprozeß auf der Suche nach dem wahren Wesen. Selbsterfüllung geschieht nicht in einem Augenblick. Es handelt sich um eine ständige Inbesitznahme. Und es gibt kein Zurück. Bevor die Selbsterfüllung zu einem andauernden Zustand geworden ist, gibt es einige aufeinanderfolgende Augenblicke in dieser allerhöchsten Erfahrung:

● Die transzendentale Realität zeigt sich als Universum. In andern Worten: Es gibt keinen Unterschied mehr zwischen Formlosem und Form.

● In der Übergangsphase neigen die Kräfte dazu, sich nach außen zu bewegen. Dies muß aufgehalten werden. Die Kräfte müssen im Inneren erhalten bleiben.

● Das Selbst erfüllt sich als ein ununterbrochenes Eintauchen in die höchste Dynamik.

● Eine einmalige Vision des Seins entsteht vor deinen Augen. Dies ist die größte integrale Vision. Es ist die Vision der Ewigkeit. Alle unendlichen Varianten werden als Ausdruck des Einen gesehen. Das Eine zeigt sich in jedem einzelnen Punkt der unendlichen Zeit und des unendlichen Raumes.«

Es ist notwendig, sich zuerst zu transfigurieren (das heißt, den Körper zu dematerialisieren). Dies sichert einen makellosen Lichtkörper, der den Gesetzen der Zeit nicht untersteht, einen unsterblichen, nie verfallenden spirituellen Körper. Dann strebe man nach der höchsten Perfektion, mit Hilfe eines Prozesses gegenseitiger Integration durch OM Kara (das heißt mit Gottes Namen zu meditieren).

Das Individuum wird hiermit völlig frei, und es verwandelt sich in eine erfreuliche und bewegliche Manifestation des transzendentalen Geistes auf der phänomenalen Ebene von Zeit, Raum und Relativität.

Die Erziehung ist dazu da, unser menschliches Potential zu erkennen. Dies klingt für mich wie ein Gegensatz. Einerseits ist das Leben einfach und gewöhnlich. Wir sind Geist und Körper. Andererseits sind Geist und Körper für die unendlichen Geheimnisse und Potentiale geschaffen, die größer sind als alle unsere Träume.

Unsere Freuden und Möglichkeiten können durch den einfachen Akt des Atmens erreicht werden. Dies wird dich sehr erstaunen.

Die westliche Geschichte ist auf einige tausend Jahre beschränkt. Die östliche Geschichte jedoch geht Millionen von Jahren zurück. Es ist wichtig, daß wir unsere westlichen akademischen Hirne der ganzen Palette menschlicher Möglichkeiten öffnen.

Die unsterblichen Seelen warten immer auf uns. Sie sind schon immer dagewesen und haben darauf gewartet, daß wir unseren Geist für ihre Gegenwart empfänglich machen und daß wir ihren ständigen Beitrag zu unserem Leben erkennen.

Unsere Zeit ist einmalig. Es ist die Zeit für Erleuchtung und Demokratie – oder auch für Zerstörung. Die Wahl wird von den meisten Menschen schon in den Schulen getroffen. Was in den öffentlichen Schulen geschieht, vermag unsere Gesellschaft in eine vollere Lebendigkeit zu führen – oder auch in plötzlichen Tod.

Zweiter Teil

Die Praxis

(von Konrad Halbig)

Dazu wird die Wissenschaft von Atem kommen –
nicht Atemübungen, wie man sie jetzt lehrt,
mit ihren so oft gefährlichen Folgen,
sondern es wird vom Denken her
ein Atemrhythmus eingesetzt,
durch den die Seele wirken kann;
dieser Rhythmus braucht auch nichts anderes als
den einfachen, rhythmischen, physischen Atem,
aber er reorganisiert die feineren Körper
und bringt die Zentren zu geordneter Tätigkeit,
je nach dem Strahl und der Evolutionsstufe.

Alice Bailey

Einleitung

»Zahlreich sind die Religionen,
unzählig die Sekten.
Alle aber beschreiten nur zwei Wege:
der Eine sucht Erkenntnis,
der Andere die Liebe.
Beide führen durch das gleiche, geheime Tor.
Ist es einmal geöffnet, so entdecken wir,
daß es nicht wahre Erkenntnis gibt ohne Liebe
und daß die Liebe Erkenntnis ist.
Das geheime Tor aber heißt der ATEM.«
                                          C. M. Chen

Ich habe mich entschlossen, meinen Beitrag zu diesem Buch zu leisten, weil ich durch Rebirthing mein Leben intensiver erlebe und mehr Freude am Leben habe als je zuvor.

Rebirthing ist eine sanfte Methode der Selbstheilung. Es ist ein Werkzeug, um alte negative Konditionierungen aufzulösen. Es führt dazu, einen ausgeglicheneren und gesünderen Lebensstil zu kreieren und unser Leben mehr zu genießen.

Rebirthing öffnet unsere Sinne und unser Herz, so daß wir uns mehr und mehr unseres Lebens erfreuen. Die Methode ist einfach und ganzheitlich, sie umfaßt Körper und Geist. Sie bringt unsere Energien in Einklang und führt zur Entspannung in all unseren Tätigkeiten. Das hat zur Folge, daß unsere Erfahrungen und unsere zwischenmenschlichen Beziehungen tiefer und schöner werden. Zu diesem Buch gibt es auch eine Übungskassette, Videofilm und Affirmationskarten, damit die Erfahrungen vertieft werden können.

Der Atem

Durch den Atem bestimmst du deinen Lebensrhythmus. Flaches oder blockiertes Atmen wird wenig Energie zulassen. Dagegen wird freies Atmen die Energie verstärken, die Gesundheit verbessern, der gesamte Organismus ins Gleichgewicht kommen. Dein Geist wird klar, dein Körper bleibt frisch, dein Gehör wird besser, die Farben intensiver, und du kommst in Berührung mit deiner unerschöpflichen Quelle.

Ist unser Atem jedoch flach oder blockiert, so verlieren wir mehr und mehr den direkten Kontakt zu uns selbst, zu unseren Gefühlen und zu unserem Herzen. Wir suchen dann als Folge die Erfüllung im Außen durch Projektionen, z. B. in anderen Menschen oder in Statussymbolen. Wir erwarten von anderen oder von Gegenständen, daß wir durch sie lebendig werden, um uns selbst wieder zu spüren. Wir können nicht mehr direkt erfahren oder unsere Empfindungen integrieren. Wir sind von unserem Herzen getrennt auf der Suche nach äußeren Erlebnissen und werden dabei oft enttäuscht.

Befindet sich dein Atem im Gleichgewicht und ist gleichzeitig dein Bewußtsein mit deinem Atem vereint, dann bist du mit deinem Innersten verbunden. Hier kommst du mit deinen göttlichen Kraftreserven in Verbindung und kannst jederzeit diese Energien benutzen, um den Himmel auf Erden zu feiern.

Das Geheimnis beim Atmen ist, sowohl Luft als auch Energie zu atmen. Atmen bedeutet mehr, als nur Sauerstoff aufzunehmen und Kohlendioxid abzugeben. Der Atem verbindet Körper und Geist, das Grobstoffliche mit dem Feinstofflichen, das Physische mit der Lebensenergie, die je nach Kulturkreis als Prana, Ki oder Od bezeichnet wird.

Die Lebensenergie »Prana«

Prana ist die Urenergie, die Essenz, die sowohl den Mikrokosmos (Mensch) als auch den Makrokosmos (Universum) erfüllt. Die Sinne mit Prana in Übereinstimmung zu bringen heißt Prana mit den Sinnen zu erfahren. Wir beziehen unser Prana aus Nahrung, Sonnenlicht, Wasser, Luft, Liebe. Luft ist eine wichtige Bezugsquelle von Prana.

Die physikalische Atmung

Durch den Abbau der Nährstoffe aus der Nahrung gewinnt die Zelle ihre Energie. Diese Nährstoffe werden unter Verbrauch von Sauerstoff frei, und das Ganze nennt man »Verbrennung«. Sauerstoff wird dem Körper im wesentlichen durch die Lunge zugeführt, nur ein Prozent wird von der Haut aufgenommen. Ebenso wichtig ist der laufende Abtransport der Stoffwechselendprodukte, zu denen in erster Linie das Kohlendioxid gehört. Dieser Gasaustausch zwischen den Zellen und der Umgebung wird insgesamt als Atmung bezeichnet.

Die energetische Atmung

Die energetische Atmung nimmt die Lebenskraft auf und verteilt sie durch die Nadis im ganzen Körper. Die Nadis sind unendlich feine, subtile Energiekanäle. Bewußtes Atmen führt dazu, daß physikalische und energetische Atmung sich verbinden, daß Körper und Geist zu einer Einheit verschmelzen.

Achtsamkeit

Ein Schüler kam zu seinem Zenmeister und fragte ihn, was das Wichtigste im Zen sei, und der Meister antwortete: Achtsamkeit. Der Schüler wollte dann wissen, was das Zweitwichtigste sei, und der Meister antwortete: Achtsamkeit.

Mache jetzt eine kurze Pause, und beobachte deinen Atem. Der erste Schritt ist die Wahrnehmung.

Beobachte dein Einatmen. Beobachte dein Ausatmen. Hältst du deinen Atem fest? Ist deine Atmung schwierig? Atmest du voll ein? Läßt du dein Ausatmen geschehen? Fühlt es sich gut an zu atmen? Ist deine Atmung verbunden? Atmest du in den Bauch oder in die Brust? Atmest du besser, wenn du alleine oder in Gesellschaft bist?

Beobachte den Unterschied, wenn du stehst, sitzt oder liegst.

Übe es, den Gedankenimpuls von der Aktion zu trennen. Wenn zum Beispiel das Telefon läutet, so gehe nicht automatisch an den Apparat.

Warte erst einige Sekunden, atme aus, und führe dann erst die Handlung aus. Diese Achtsamkeitsübung hilft dir, wieder den direkten Kontakt zu dir herzustellen, und du lernst, deine Energie optimaler einzusetzen.

Das richtige Verständnis vom bewußten Atmen und die tägliche Übung werden uns erneuern. Dabei ist es jedoch wichtig, sich in Geduld zu üben, damit wir unser gewohntes Verhalten ändern. Oft sind Menschen, die sich eine persönliche Veränderung wünschen, Perfektionisten und treiben sich selbst mit Übereifer an. Dies endet im Zustand stetiger Spannung und voller Enttäuschung. Es ist leichter, schrittweise vorwärtszugehen, um die richtige Sichtweise für den Moment zu erhalten und angemessen zu agieren.

Was den Atem blockiert

Das Geburtstrauma

Die Geburt ist eines der wichtigsten Ereignisse im Leben eines Menschen. Es gab, und es gibt immer noch die Meinung, das Kind merke nichts von der Geburt, weil es noch kein Bewußtsein habe. Frédérick Leboyer hat durch seine Bücher wie »Geburt ohne Gewalt« viel dazu beigetragen, daß sie menschlicher wurde.

Die Geburt ist für das Kind der erste große Kontakt mit der Außenwelt. Es ist offen und unvoreingenommen, erlebt alles direkt, ohne Filter und dadurch viel intensiver als wir Erwachsenen. Auch wenn sich normalerweise kein Mensch bewußt an seine Geburt erinnern kann, ist jede der Erfahrungen gespeichert. Jedes Wesen will Leid vermeiden, und so werden bei und nach einer schmerzvollen Geburt die ersten großen Entscheidungen getroffen. Sie manifestieren sich so lange, bis sie aufgelöst werden. Rebirthing bietet die Möglichkeit, diese unterdrückten Emotionen zu verarbeiten.

Als ich 1984 Leonard Orr zum erstenmal auf einem Vortrag hörte, sprach er über eine Stunde von der Unterwassergeburt seiner Tochter Spirit. Zwei Jahre später erlebte ich sie, und ich wünsche mir, daß alle Kinder die Möglichkeit zu so einer Geburt haben. Es ist wichtig, daß alle, die bei einer Geburt beteiligt sind, ihr eigenes Geburtstrauma verarbeitet haben. Dann besitzen sie das Vertrauen, sich zu öffnen, um so eine angstfreie Atmosphäre voller Liebe für das neue Wesen zu schaffen.

Das Kind bleibt ungefähr neun Monate im Mutterleib. Umhüllt von Fruchtwasser, liegt es warm und geborgen, hört nur gedämpfte Geräusche und braucht sich um nichts zu kümmern. Es ist mit der Mutter durch die Nabelschnur verbunden, die es ernährt und die das Kind mit Sauerstoff versorgt.

Es ist das Paradies. Die Vertreibung daraus beginnt mit der Geburt, seit Wochen ist es nun auch im Bauch zu eng geworden. Es ist ein Kampf auf Leben und Tod. Nach vorne geht es ins Unbekannte, den Weg zurück gibt es nicht mehr. Dieser Kampf erzeugt Angst. Daraus könnte folgendes Grundprogramm entstehen:

Ich habe Angst vor dem Unbekannten oder vor Veränderungen. Doch die Kraft nach draußen ist stärker, und das Kind kämpft sich durch den Geburtskanal mit dem Impuls, »da muß ich durch«. Grundprogramm: Wenn ich da durch bin, dann habe ich es geschafft. Es gibt viele Menschen, die immer durch irgend etwas durch müssen. Wenn sie dann durch sind, ihr Ziel erreicht haben, kreieren sie wieder eine schwierige Situation, damit der Kampf von vorne beginnen kann.

Hat das Kind den Kampf durch den Geburtskanal überstanden und erblickt das Licht dieser Welt, wird es von grellem Scheinwerferlicht geblendet, und später werden auch noch Augentropfen verabreicht. Es entwickelt sich die Grundhaltung: Ich mache lieber die Augen zu und will mir gewisse Dinge nicht anschauen.

Während der Schwangerschaft wurden alle Geräusche von außen durch das Fruchtwasser gedämpft. Jetzt fällt dieser Schutz weg. Die Stimmen oder das Klappern der Instrumente hören sich bedrohlich an. Es entwickelt sich die Grundhaltung: Es ist mir zu laut, ich will es nicht hören. Die Temperatur im Mutterleib beträgt circa 37 Grad Celsius. Neun Monate war es warm, und jetzt erlebt das Kind einen Temperatursturz von mindestens 10 Grad. Das Kind ist dieser Erfahrung ausgeliefert und hat in diesem Moment keine Ahnung, ob diese Kälte jemals wieder aufhört. Es entwickelt sich die Grundhaltung: Diese Welt ist kalt, mir fehlt es an Wärme, ich will mich verkriechen.

Noch bevor die Eigenversorgung von alleine beginnt, wird die Nabelschnur abgetrennt. Das Kind ist dadurch dem Tod näher als dem Leben, und aus Panik heraus beginnt es zu atmen. Der erste Atemzug brennt wie Feuer, die kleinen Lungen müssen sich erst an Luft gewöhnen. Es atmet Luft ein, die voll mit Medikamenten- und Krankenhausgerüchen ist. Damit das Fruchtwasser schneller abläuft, wird das Kind mit dem Kopf nach unten gehalten. Verzweiflung und Schmerzen breiten sich aus. Es ist verständlich, daß unter diesen Umständen lieber weniger geatmet bzw. lieber weniger gelebt wird. Daraus ergibt sich folgerichtig die Grundhaltung: Ich will nicht atmen, denn es tut weh.

Die Mißbilligung der Eltern

Ein Kind kommt fast als unbeschriebenes Blatt auf die Welt. Die Erzieher können aus ihm einen Christen wie auch einen Hindu machen, das Kind setzt nichts dagegen. Es ist offen und bewertet nicht. Sie zeigen ihm, was gut und was böse ist, was schön und was häßlich ist. Sie lehren, was Pflichtbewußtsein, Ehrgefühl und Gewissen bedeutet. Die Erwachsenen wetteifern darum, dieses Kind zu erziehen, und jeder glaubt am besten zu wissen, was für das Kind gut ist. Während der ersten fünf Lebensjahre werden die kleinen Wesen unendlich viele Male gemaßregelt. Jeder kennt dies aus seiner eigenen Erziehung. Die Erzieher versuchen, das Kind an ihre eigenen Begrenzungen anzupassen, und Schritt für Schritt wird aus ihm eine Maschine, die funktioniert.

Negative Programme

Nachdem der junge Mensch mit den Grundprogrammen von Mutter, Vater, Großeltern, Religionslehrer, Geschichtslehrer usw. ausgestattet ist, beginnt er auf der Basis der vorhandenen Programme selbständig neue zu entwickeln. Er erfährt die Welt gemäß seinen Bewertungen und sieht nicht, daß er selbst die Ursache ist. Er glaubt, daß die Welt im Außen etwas von ihm Getrenntes ist. »Wenn dieses oder jenes nicht wäre, dann würde

ich ganz anders ...« umfaßt seine Denkweise, und das ist Opferbewußtsein. Oder es ist durchaus möglich, daß jemand mit seinen verinnerlichten Programmen erfolgreich im Leben zurecht-
kommt. Er hat sich diese Begrenzungen so zu eigen gemacht, daß
er Freude und Glück innerhalb dieser Grenzen erleben kann. Er
möchte nichts verändern, im Gegenteil, er be- und verurteilt
Menschen, die diese Grenzen verlassen. Ja, sie bedeuten eine
Gefahr für ihn, denn sie machen etwas, was er sich nicht erlauben
darf, denn sonst müßte er vieles bei sich in Frage stellen.

Der Todesdrang des Menschen

Während der Erfolglose versucht, sein Leben in den Griff zu
bekommen, verwendet der Erfolgreiche seine Energie, um seine
Ziele zu erreichen. Irgendwann stellt sich jeder die Frage: »Wozu
das alles?« Der eine stellt sie sich aus Frustration, der andere weil
er seine Ziele erreicht hat. Doch selbst in jemandem, der alles
erreicht hat und sich alles kaufen kann, bleibt eine unbestimmte
Sehnsucht nach dauerhaftem Glück und Zufriedenheit. Viele
verlieren sich in Träumereien, in die Vergangenheit und Zu-
kunft. Damals, als kleines Kind, war das Leben noch sorglos und
schön. Oder später, wenn ich pensioniert bin, werde ich jeden
Tag zum Angeln gehen. Das Leben in der Gegenwart ist und
bleibt unerfüllt. So antworten die meisten auf die Frage, ob sie
mit diesem Körper ewig leben wollen mit Nein. Der Grund ist,
daß kaum jemand mit sich und seinem Leben zufrieden ist. Er
wünscht sich das Paradies, doch zurück in die Geborgenheit des
Mutterleibes kann er nicht mehr, sondern nur noch nach vorne.
Das andere Ende, der Tod, das Unbekannte, ist die Hoffnung,
vom Lebenskampf erlöst zu werden. Ganz gleich welchem Glauben jemand angehört und wie groß die Angst vor dem Tod ist,
für jemand, der vom dauerhaften Glück getrennt bleibt, ist der
unbekannte Tod die einzige Hoffnung und damit auch die Sehnsucht nach Frieden, Glückseligkeit und Einheit mit dem Universum. Er hat es geschafft, hier ruht er in Frieden ...

Vergangene Leben

Unsere gegenwärtigen Standpunkte, Gewohnheiten und die Art, wie wir auf Menschen und Situationen reagieren, sind alle durch unsere vergangenen Erfahrungen festgelegt. Oder wie Swami Vivekanada in »Der Ozean der Weisheit« schreibt: Wie ich jetzt bin, ist das Ergebnis von allem, was ich getan und gedacht habe. Jede Handlung und jeder Gedanke haben ihre Wirkung gehabt, und diese Wirkungen sind die Gesamtsumme meines Fort-schritts.

Jede Handlung und jeder Gedanke hinterläßt im Bewußtsein einen Eindruck, und dieser löst Gedankenwellen aus mit der Eigenschaft, sich zu manifestieren. Moral, Bewertungen und die Sehnsucht nach Glück im Außen versuchen die unangenehmen Gedanken zu verdrängen. Erkenntnis oder bewußte Reinigung mit den Elementen bewirkt eine Umwandlung destruktiver Ge-dankenwellen und reinigt so das Bewußtsein, oder anders gesagt, die Saat wird im Keim erstickt. Karma ist das Gesetz von Ursa-che und Wirkung. Jede einzelne Handlung, sei sie ausgeführt, ausgesprochen oder auch nur gedacht, ruft letztendlich eine spezifische Reaktion hervor. Die Ursachen beziehen sich nicht nur bis zur Geburt, sondern gehen weit darüber hinaus bis in vergangene Leben. Karma schließt den Zufall aus, jedes Wesen ist hundert Prozent eigenverantwortlich.

Verschiedene Rebirthing-Methoden

Nasen- oder Mundatmung

Die Ein- und Ausatmung sollte durch die Nase erfolgen, außer bei bestimmten Übungen, bei denen ein besonderer Zweck verfolgt wird. Durch die Mundatmung erhöhst du die Luftaufnahme und kommst dadurch leichter an unterdrückte Gefühle.

Die Nasenatmung hat den Vorteil, daß die Luft von Staub, Rauch, Krankheitskeimen gereinigt wird. Dazu wird sie befeuchtet, vorgewärmt und geprüft auf Duft- und Geruchsstoffe. Zudem sind die Stirnhöhle, die Nebenhöhle und das Ohr mit dem Nasenraum verbunden, und durch die Nasenatmung werden Schleimhäute, wichtige Nerven und Drüsen mit Frischluft gereinigt und angeregt.

Wenn deine Nase verstopft ist, empfehle ich dir die Übung *Der reinigende Atem* (siehe S. 139f.) zu machen.

Bauch- oder Brustatmung

Bauchatmung zentriert dich und gibt dir Boden, die Asiaten nennen diesen Bereich Hara. Mit der Brustatmung bist du näher an deinem Herzen und kommst leichter an Gefühle wie Sehnsucht, Traurigkeit und Liebe. Ziel sollte sein, daß du die Bauchatmung mit der Brustatmung verbindest, daß du mit deiner ganzen Lunge frei, entspannt und voll atmest.

Laut Alice Bailey gibt es eine Entsprechung der Chakren mit der Lunge, d.h., wenn du in den unteren Teil der Lunge atmest, aktivierst du die unteren Chakren, dies entspricht der Materie. Atmest du in den mittleren Teil der Lunge, aktivierst du die mittleren Chakren, die der Gefühlsebene entsprechen. Analog wenn du in den oberen Teil der Lunge atmest, aktivierst du die oberen Chakren, dies entspricht der spirituellen Ebene. Ziel sollte auch hier sein, alle Chakren zu aktivieren und zu verbinden.

Dominiert ein Teil der Lunge oder wird er vernachlässigt, so leidet darunter der ganze Organismus. Einseitigkeit führt zu Fehlentwicklung, außer sie wird für eine bestimmte Zeit bewußt eingesetzt, damit die gesamte Lunge aktiviert wird.

Ein- und Ausatmung

Bei der Einatmung geht es darum, deinen eigenen optimalen Rhythmus zu finden; nicht zuviel und nicht zuwenig. Als Bild kann man hier einen Elektromotor verwenden. Wenn du ihm zuviel Stromenergie zuführst, überdrehst du ihn, bei zuwenig kommt er nicht auf Touren.

Die Ausatmung erfolgt entspannt und geschieht von selbst.

Menschen, die unter Atemnot leiden, sollten einen erfahrenen Rebirther aufsuchen.

Atemnot entsteht durch mangelhafte Ausatmung und Nicht-loslassen-Können. Da die roten Blutkörperchen bei schlechter Ausatmung die Kohlensäure nicht genügend abgeben, kann bei der Einatmung nicht ausreichend Sauerstoff aufgenommen werden. So wird das wichtige Lebenselement Sauerstoff in allen Geweben und Organen des Körpers weniger und das Blut hat einen Überschuß an Kohlensäure. Die roten Blutkörperchen schrumpfen ein, und das führt zu Stauungen, so daß der Kreislauf erlahmt. Bei Sauerstoffmangel und bei ungenügender Schadstoffabfuhr wird als erstes das schwächste Organ erkranken. Auch dein emotionales und mentales Leben wird durch Atemnot stark belastet. Nerven, Gehirn und Drüsen benötigen sehr viel Sauerstoff, damit du dich frisch und wohl fühlst.

Atemgeschwindigkeit

Über die Atemgeschwindigkeit während der Sitzungen gibt es keine allgemein gültige Regel. Unser Verstand ist sehr trickreich und weicht gerne »gefährlichen Situationen« aus, um eine Berührung mit der Blockade zu verhindern. Der Rebirther entscheidet in der jeweiligen Situation, welcher angemessene Rhythmus einzusetzen ist. Es handelt sich hier um die Einatemgeschwindigkeit, das Ausatmen erfolgt passiv und entspannt.

Tiefes und langsames Atmen eignet sich am besten zu Beginn einer Sitzung oder nach der Integration von unterdrückten Erlebnissen. Es verstärkt die Wahrnehmungsfähigkeit und unterstützt die Integration.

Schnelles und kurzes Atmen hilft dir, deine aufsteigenden Erlebnisse zuzulassen und nicht auszuweichen.

Atembefreiung

Atembefreiung geschieht durch das Integrieren von unterdrückten Erlebnissen. Dein Atem wird freier und lebendiger, weil du in diesem Verhaltensmuster oder in dieser Situation die Energie nicht länger drosseln mußt, da du kein Leid mehr erfährst.

Ein sehr einschneidendes Erlebnis ist das Integrieren des ersten Atemzuges und wird als die klassische Atembefreiung bezeichnet.

Trocken-Rebirthing

Von allen Rebirthing-Methoden ist Trocken-Rebirthing am meisten verbreitet. Du kannst es überall machen, und es gibt dir zu Beginn die erforderliche Sicherheit, das heißt den nötigen Boden unter den Füßen.

Ich rate dir, anfangs bei einem Rebirther Atemsitzungen zu nehmen. Er begleitet dich, zeigt dir die Techniken und ist ganz für dich da. Entscheide dich für einen, bei dem du dich wohl fühlst. Führe ein persönliches Gespräch, erzähle ihm deine Erwartungen und kläre mit ihm alle offenen Fragen. In der Regel dauert eine Sitzung zwei Stunden. Erzähle deinem Rebirther, in welchem Bereich du Unterstützung brauchst. Das Ziel sollte sein, daß du dich nach zehn bis dreißig Sitzungen selbst rebirthen kannst.

Der Atmende liegt ausgestreckt auf dem Boden und verbindet Aus- und Einatmung ohne Pause, auch kreisförmiges Atmen genannt. Als Bild kannst du dir vorstellen, dein Atem ist ein Fluß, und er trägt dich, als würdest du auf einer Luftmatratze liegen. Links und rechts ist das Ufer, sind Landschaften, Bäume, Häuser, Straßen und so fort. Du nimmst sie wahr, und im nächsten Augenblick erreichen dich neue Bilder. Während du atmest, kommen Gedanken und Gefühle, Bilder und Körpersensationen. Weder unterdrückst du sie, noch bleibst du an ihnen verhaftet, sondern sei achtsam, nimm sie wahr und atme weiter. Bleibe im Fluß, sei entspannt und aufmerksam, auch wenn traurige oder ärgerliche Gedanken und Gefühle aufsteigen. Oft neigen wir dazu, genau dann das Atmen aufzuhören und zu blockieren, damit wir den Schmerz nicht wahrnehmen. Wir stellen uns tot, und dieser Impuls geht bei vielen bis zur Geburt zurück, zu jenem ersten Atemzug.

Selbst-Rebirthing

Wenn du diese Atemreise alleine beginnst, sei ein Wissenschaftler, aufmerksam und voller Geduld. Eine Möglichkeit ist, daß du in der ersten Sitzungen deinen Partner oder Freund bittest, solange im Raum zu bleiben.

Wichtig ist, daß du achtsam bist, deine Grenzen kennst und respektierst. Es geht nicht darum, daß du gewaltsam atmest, sondern sei liebevoll zu dir. Verbinde Ein- und Ausatmung, spüre deine Lebensenergie, und setze sie konstruktiv ein. Wähle für die Sitzung einen geeigneten Ort und die richtige Zeit, damit du während der Übung ungestört bist. Gestalte dir deinen Raum schön. Verbrenne trockenen Salbei, denn Salbei erneuert verbrauchte Energie, und zünde anschließend ein Räucherstäbchen oder ein Duftlämpchen an.

Beginne mit den »zwanzig verbundenen Atemzügen«, und laß anschließend deinen Atem fließen. Am Anfang sollte die Entspannungsphase genauso lang wie die bewußte Atemphase sein, später kann sie kürzer sein.

Durch Rebirthing reinigst du deinen physischen, deinen astralen und deinen mentalen Körper und mobilisierst neue Energie.

Du wirst merken, je mehr Spaß du an Rebirthing findest, desto mehr löst du alte Blockaden auf und desto weniger bilden sich neue.

Als ich Rebirthing entdeckte, führte ich eine eigene Firma in der Showbranche. Abends war ich oft ausgelaugt, müde und wollte nichts mehr unternehmen. Als ich nach der Arbeit zu Hause Selbst-Rebirthing praktizierte, fühlte ich mich nach kurzer Zeit gereinigt, voller Kraft und war offen für den Abend. Am nächsten Tag war ich im Büro gut gelaunt und konzentriert, da ich einen schönen Abend hatte. Es ist ein Kreislauf, der dein Leben positiv verändert.

Wenn du einen Rebirther hast, besprich mit ihm, wie oft und wie lange du dich selbst rebirthen sollst, laß dich beraten.

Maha-Rebirthing

Maha-Rebirthing bedeutet großes Rebirthing und ist keine Technik, sondern ein Zustand. Du erlebst dich als die Ursache deiner Welt. Du bist immer im Fluß mit deinem Atem und setzt deine Gedanken konstruktiv ein.

Ich weiß noch, wie ich anfing mit dem bewußten Atmen. Nur ein geringer Teil meiner Lunge konnte frischen Sauerstoff, Prana oder Lebensenergie aufnehmen. Ich atmete flach, setzte lange aus, und es tat mir körperlich weh, wenn ich voll atmete. Nur nach einem langen Dauerlauf oder einer schweren körperlichen

Arbeit war es mir möglich, kurzzeitig offener zu atmen. In meiner Rebirthing-Arbeit an mir (und am Anfang war es eine Arbeit) praktizierte ich jede Stunde die »zwanzig verbundenen Atemzüge«. Erinnern ließ ich mich von meiner Uhr. Zu jeder vollen Stunde ertönte ein Piepston, und es war mir fast immer möglich, meine Übung auszuführen.

Ich bemerkte nach relativ kurzer Zeit die ersten Erfolge, und ein größerer Teil meiner Lunge wurde aktiviert. Meine Atmung wurde leichter, und ich bin lockerer und ruhiger geworden. Nach einiger Zeit hatte ich so etwas wie eine innere Signallampe: Wenn ich das Atmen aufhörte oder blockierte, setzte sie ein, und ich begann wieder mit den »zwanzig verbundenen Atemzügen«. Dies war mein Beginn von Maha-Rebirthing.

Gruppen-Rebirthing

Es gibt keine Regel, ob es besser ist, mit Einzelsitzungen oder mit einer Gruppe zu beginnen. Ich empfehle am Anfang Einzelsitzungen zu nehmen, denn du erfährst die volle Aufmerksamkeit und kannst dann mit deinem Rebirther besprechen, was dich besser unterstützt. Es ist ratsam, beides zu machen.

Bei Gruppen-Rebirthing gibt es zwei Möglichkeiten. Die Gruppe atmet gleichzeitig unter der Aufsicht von einem oder mehreren erfahrenen Rebirther/n. Oder, Fortgeschrittene rebirthen sich paarweise gegenseitig, ebenfalls unter der Aufsicht eines erfahrenen Rebirthers.

Nach meinen ersten zehn Einzelsitzungen begann ich mit Gruppen-Rebirthing. Anfangs suchte ich mir immer einen Nachbarn, der frei und mit Freude atmen konnte. Allein ihn atmen zu hören, hat mir geholfen, ebenfalls mit Freude zu atmen. Es kam mir vor, als würde ich auf einen fahrenden Zug aufspringen, und ich fühlte mich durch die Gruppe getragen.

Gruppenteilnehmer erhalten sehr viel Unterstützung durch das Sichöffnen eines anderen Teilnehmers im Atemprozeß oder im Erfahrungsaustausch. Es kommt zu dem »Aha-Effekt«, dem

Wiedererkennen eigener Verhaltensmuster. Ein anderer Aspekt ist noch, daß Gruppen-Rebirthing billiger ist.

Partner-Rebirthing

Hier sitzen sich die Partner gegenüber in einer bequemen Sitzhaltung, z. B. im Stuhl oder wenn möglich im Lotussitz, und beginnen Ein- und Ausatmung miteinander zu verbinden. Die Augen bleiben während der ganzen Übung offen und sind in Kontakt mit dem Partner.

Diese Übung ist sehr intim, und durch dieses miteinander Atmen entsteht sehr viel Nähe. Paare, deren Beziehung festgefahren ist, finden dadurch einen neuen Zugang zueinander und können damit ihre Konflikte leichter lösen.

Warmwasser-Rebirthing

Es ist zu empfehlen, erst nach fünf bis zehn Trocken-Rebirthing-Sitzungen mit Warmwasser-Rebirthing zu beginnen. Der Grund ist, daß Warmwasser-Rebirthing, obwohl sanft, sehr intensiv ist. Die Vorbereitung ist angebracht, um aufsteigende Gefühle und Gedanken aus dem Unterbewußtsein leichter zu integrieren. Es werden oft Erinnerungen an die Zeit im Mutterleib und an die Geburt freigesetzt.

Jemand, der sehr wenig Kontakt zu seinem Körper oder seinen Gefühlen hat, kann mit Warmwasser-Rebirthing beginnen.

Der Rebirther atmet mit dem Gesicht nach unten im Wasser durch einen Schnorchel und wird dabei vom Rebirther gehalten. Das Wasser hat Körpertemperatur, eine Sitzung dauert zwei bis drei Stunden, und anschließend ist eine ebensolange Ruhepause ratsam. In meiner ersten Warmwasser-Rebirthing-Sitzung erlebte ich eine noch nie gekannte Einheit, und doch war sie mir sehr vertraut. Ich war derart entspannt, daß ich vorübergehend nicht stehen konnte, weil ich nicht mehr die nötige Kraft besaß, um meine Muskeln anzuspannen. Ich war im Paradies, fühlte mich geborgen wie im Mutterleib und erlebte eine Verbundenheit mit allem.

Kaltwasser-Rebirthing

Die meisten Leute halten den Vorschlag für verrückt, mitten im Winter für eine Stunde ins kalte Wasser zu steigen. Mir erging es nicht anders. Ich fürchtete, mir schwere Erfrierungen zu holen, vielleicht sogar den Tod. Bis zu meiner Erfahrung mit Kaltwasser-Rebirthing stieg ich in kein Wasser unter 25 Grad Celsius. Als Kind hörte ich immer, geh nicht mit nassen Haaren aus dem Haus, oder in Monaten mit einem R im Namen darf man sich nicht auf den Boden setzen bzw. barfuß laufen.

Während im Warmwasser-Rebirthing die Geburtserinnerungen aktiviert werden, kommen im Kaltwasser-Rebirthing die Gedanken und Gefühle, die mit einem Versagenseindruck und letztlich mit dem Tod zusammenhängen, ans Tageslicht: »Ich kann nicht mehr«, »Ich schaffe es nicht«...

Es ist ratsam, mehrere Kaltwasser-Rebirthing-Sitzungen zu machen, denn die erste ist meist ein sehr einschneidendes Erlebnis, bei der man über seine Grenzen geht. Bei weiteren Sitzungen ist es leichter und natürlicher, die aufsteigenden Gedanken, Gefühle und Körpersensationen zu integrieren.

Die Methode ist sehr einfach, man verbindet Ein- und Ausatmung in ein kreisförmiges Atmen und beginnt mit dem Wasser Kontakt aufzunehmen. Bereits hier tauchen die ersten Gedanken auf wie »Das halte ich nicht aus...« Es geht darum, daß man die Gedanken nicht unterdrückt, sondern sie sein läßt und integriert. Und dann gehst du mit den Füßen ins Wasser und beginnst die Kälte mit dem Atmen zu integrieren. Du gehst erst weiter, wenn der Körperteil warm ist, der sich unter Wasser befindet. So gehst du Schritt für Schritt weiter.

Unterstützung durch Affirmationen

Affirmation (lat. firmus heißt fest, stark, kräftig) bedeutet Bejahung, Bestätigung. Die Affirmationstechnik ist eine Methode, deine Gedankenkraft zu nutzen, um das zu verwirklichen, was du dir in deinem Leben wünschst. Sie ist nicht neu, du verwendest sie bereits. Es ist die natürliche Kraft der Gedanken, die du ständig benützt, ob bewußt oder unbewußt.

Da wir uns durch Erziehung und schmerzvolle Erfahrungen negativ programmiert haben, entstand in uns der Eindruck, daß Mangel, Begrenztheit, Schwierigkeiten und Probleme unser Schicksal sind.

Diese Methode zeigt dir, wie du mit Spaß und bewußt das erschaffen kannst, was du möchtest, z. B. Liebe, Zufriedenheit, eine glückliche Beziehung, Gesundheit, Wohlstand, Frieden und Harmonie...

Dein Wunsch kann auf verschiedenen Ebenen liegen, der körperlichen, der emotionalen, der geistigen oder der spirituellen. Vielleicht möchtest du eine größere Wohnung, oder mehr Geld verdienen, oder eine glückliche Beziehung, oder ausgeglichen sein, oder im Fluß der Liebe.

Ich möchte darauf hinweisen, daß du diese Technik nicht benützen kannst, um andere Menschen zu kontrollieren oder zu manipulieren. Du kannst damit deine eigenen Blockaden und negativen Gedankenstrukturen auflösen. Denn sie hindern dich, ein glückliches, erfolgreiches Leben zu führen und deine Kraft konstruktiv einzusetzen.

Um die Affirmationstechnik erfolgreich zu praktizieren, brauchst du nicht an irgendeine religiöse oder spirituelle Idee zu glauben, oder an eine Kraft, die außerhalb von dir ist.

Wichtig ist der Wunsch, etwas verändern zu wollen, der Mut, dir deine negativen Gedanken anzuschauen, und die Bereitschaft offen zu sein für ein glückliches Leben.

Mache dich mit der Idee der Affirmationstechnik vertraut, schaue dir ohne zu urteilen deine Widerstände an, praktiziere die Technik für eine bestimmte Zeit, und entscheide anschließend. Gib dir eine Chance!

Eine Affirmation besagt, daß der gewünschte Zustand bereits eingetreten ist.

Sie wird in der Gegenwart ausgesprochen, z. B. ich, Peter, bin, ich, Peter, habe,... Falsch ist, ich, Peter, werde, will,... zu benützen.

Vermeide negative Botschaften, wie Angst, Furcht, Tod, Krankheit..., sondern verwende positive Gedanken wie Gesundheit, Freude, Spaß, Lebendigkeit...

Verwende Bejahungen, z. B. es macht mir, Peter, Spaß... und vermeide Verneinungen, wie z. B. ich, Peter, bin nicht...

Für Ungeübte empfiehlt es sich, mit einer Entspannungsübung zu beginnen. Wenn Körper und Geist entspannt sind, ist die Aufnahmefähigkeit größer und die Abwehrhaltung geringer. Mache die »zwanzig verbundenen Atemzüge«, und beobachte anschließend für ein paar Minuten deinen Atem.

Vorübung

Erstelle eine Liste, und schreibe all die Dinge auf, die du nicht gut findest in deinem Leben. Zum Beispiel, du bist schon über vierzig und immer noch alleine, oder deine Wohnung ist zu klein, oder du verdienst zu wenig Geld, usw.

Verwende für die folgende Übung den Punkt, der dich am meisten stört, denn hier liegt eine große Motivation und Kraft für eine positive Veränderung.

Die Übung fängt damit an, daß du eine Seite lang deinen bestehenden Zustand und dich akzeptierst, indem du zum Beispiel schreibst:

Es ist für mich, Peter, in Ordnung, alleine zu sein.
Gleichzeitig notierst du deine Einwände, Reaktionen und Be-
denken darunter.

Es ist für mich, Peter, in Ordnung, alleine zu sein.
Ich habe es total satt.
Es ist für mich, Peter, in Ordnung, alleine zu sein.
Ich fühle mich so einsam.
Es ist für mich, Peter, in Ordnung, alleine zu sein.
Ich kann mich nicht fallen lassen, und ich kann nichts
genießen.
Es ist für mich, Peter, in Ordnung, alleine zu sein.
Mein Leben langweilt mich.
Es ist für mich, Peter, in Ordnung, alleine zu sein.
Ich glaube nicht an Affirmationen.
Es ist für mich, Peter, in Ordnung, alleine zu sein.
Ich will es versuchen.

Nachdem du ein Drittel der Seite vollgeschrieben hast, fährst du
in der zweiten Person fort.

Peter, es ist in Ordnung für dich, alleine zu sein.
Meine Mutter hat mir schon gesagt, daß ich keine be-
komme.
Peter, es ist in Ordnung für dich, alleine zu sein.
Keine Frau liebt mich.
Peter, es ist in Ordnung für dich, alleine zu sein.
Wie soll eine Frau mich lieben, wenn ich mich selbst nicht
liebe.
Peter, es ist in Ordnung für dich, alleine zu sein.
Ich möchte doch nur glücklich sein.
Peter, es ist in Ordnung für dich, alleine zu sein.
Schön wäre es, dann hätte ich vielleicht meine Ruhe.

Wenn du zwei Drittel der Seite vollgeschrieben hast, fährst du in
der dritten Person fort.

Es ist für Peter in Ordnung, alleine zu sein.
Ich habe Angst vor dem Altwerden.
Es ist für Peter in Ordnung, alleine zu sein.
Ich habe so eine tiefe Traurigkeit in mir.
Es ist für Peter in Ordnung, alleine zu sein.
Und ich spüre sehr viel Liebe in mir.
Es ist für Peter in Ordnung, alleine zu sein.
Ich bin gespannt, ob es funktioniert.

Es ist wichtig, daß du deinen Namen mit aufschreibst, damit du dich auch wirklich angesprochen fühlst. Ebenso, daß du die Sätze in der zweiten und dritten Person anfertigst, denn andere Personen haben deine Meinung über dich selbst entscheidend mitgeprägt.

Diese Grundübung eignet sich dazu, um deine Abwehrhaltung zu reduzieren. Gleichzeitig erkennst du, daß die zweite, kursive Zeile deine gegenwärtige Realität ist, die dich hindert, das Gewünschte zu erreichen. Bewerte jetzt nicht, bleibe offen, dann hast du einen leichteren Zugang zu deiner inneren Kraft und kannst schneller dein Ziel erreichen.

Der Gebrauch von Affirmationen

Arbeite mit einer oder mehreren Affirmationen täglich über einen bestimmten Zeitraum, besser noch, bis das Gewünschte eingetroffen ist. Kurz nach dem Aufstehen oder vor dem Schlafengehen wirken sie am besten. Oder wenn es dir gutgeht, dann spürst du mehr Kraft, es fällt dir leicht, konstruktiv zu sein, und du hast weniger Widerstände.

Das Schreiben von Affirmationen ist eine sehr wirksame Methode, besonders wenn du am Anfang mit der Einwandmethode beginnst. Gleichzeitig kannst du beim Schreiben die Affirmation laut und deutlich aussprechen, damit werden noch mehr Sinne mit einbezogen. Du schreibst zum Beispiel:

Ich, Paul, verdiene mit Leichtigkeit pro Monat DM 4000,– netto.
Ich habe schon immer zuwenig verdient.
Ich, Paul, verdiene mit Leichtigkeit pro Monat DM 4000,– netto.
Geld widert mich an.
Ich, Paul, verdiene mit Leichtigkeit pro Monat DM 4000,– netto.
Das Leben ist hart.

Nachdem du ein Drittel der Seite vollgeschrieben hast, fährst du in der zweiten Person fort.

Du, Paul, verdienst mit Leichtigkeit pro Monat DM 4000,– netto.
Wenn ich nur daran glauben könnte.
Du, Paul, verdienst mit Leichtigkeit pro Monat DM 4000,– netto.
Es wäre zu schön, um wahr zu sein.

Wenn du zwei Drittel der Seite vollgeschrieben hast, fährst du in der dritten Person fort.

Paul verdient mit Leichtigkeit pro Monat DM 4000,– netto.
Mein Lehrer hat schon immer gesagt, daß ich es nicht schaffe.
Paul verdient mit Leichtigkeit pro Monat DM 4000,– netto.
Ich will es versuchen.

Oder schreibe deinen Freunden einen Brief, und teile ihnen deine Affirmationen mit. Gute Freunde freuen sich, wenn du beginnst, dein Leben zu verändern, damit es dir gutgeht.
Du kannst dir auch deine Affirmation auf eine Karte schreiben oder malen, die du immer bei dir hast. So kannst du, wann immer du Zeit hast, mit deiner Affirmation arbeiten. Oder befestige die Karten sichtbar in deiner Wohnung, z. B. am Telefon oder Spiegel ...

Nimm deine Affirmationen auf Band auf, z. B. auf einer Endloskassette, untermalt mit Musik. Du kannst sie bei einer Autofahrt anhören oder während du schläfst.

Partnerübung

Gib deinem Partner deine Affirmationen zu lesen. Setze dich deinem Partner gegenüber, bleibe in Augenkontakt, und sage ihm deine Affirmationen, bis du ihnen gegenüber keine negativen Gefühle mehr hast. Anschließend kann dein Partner dir deine Affirmationen erzählen, in der zweiten und dritten Person.

Visualisation

Visualisieren – oder Imaginieren, ist eine Fähigkeit des Bewußtseins. Jemand, der nicht im kreativ visuellen Bereich arbeitet, wie z. B. ein Maler oder ein Filmemacher, fördert oder nützt diese Begabung oft zuwenig.

Visualisiere deine Affirmation, das heißt, schaue sie dir vor deinem geistigen Auge an. Streng dich nicht an, um irgend etwas sehen zu wollen. Entspanne dich, und laß das Bild von innen her entstehen.

Ist es ein Gegenstand, stell dir genau vor, wie du ihn bewunderst, gebrauchst und wie er sich anfühlt. Handelt es sich um eine Situation oder um ein Ereignis, beobachte alle Einzelheiten. Schaue dir die Umgebung an, wie du gekleidet bist, mit welchen Personen du zusammen bist. Laß es auf dich einwirken, und genieße es.

Mantras

Mantras sind heilige Worte. Das Mantra erwacht, wenn es mit dem Grundrhythmus des Bewußtseins und mit den Schwingungen des Herzens in Einklang gebracht wird.

Om Namaha Shivaya (Ich verbeuge mich vor Shiva, dem höchsten Selbst; Gott, Dein Wille geschehe). Das ist ein beliebtes hinduistisches Mantra im Süden Indiens und ein Bittgebet. In der hinduistischen Lehre gibt es die Götterdreiheit, und ihre Aufgabe ist Schöpfung, Erhaltung und Zerstörung. Shiva hat die Aufgabe des Zerstörers, und Er befreit uns von falschen Anhaftungen und Illusionen, damit sich unsere Göttlichkeit manifestieren kann.

Om Mane Padmé Hum (Mantra für Mitgefühl). Es ist ein großartiges buddhistisches Mantra und bezieht sich auf das Juwel des Herzens. Durch seine Rezitation reinigen wir unser Herz von Fehlern aus der Vergangenheit und werden ein Wesen voller Mitgefühl.

Om Jesus Christus. Bei einem Christen erzeugt dieses Mantra den Wunsch und die Kraft, immer mehr so zu werden wie Er. Erfüllt mit Weisheit, Gnade und Liebe.

Ave Maria. In der katholischen Kirche ist dies ebenfalls ein sehr wirksames Mantra und öffnet und reinigt unsere Herzen.

Bismillah ır-Rahman ir Rahim (Im Namen Allahs, des Barmherzigen). Es ist ein muslimisches Mantra und bedeutet, daß Er uns hilft und reinigt, wenn wir unser Streben und Handeln auf Ihn richten und uns mit Ihm vereinen.

Barukh attah Adonai (Gesegnet seist Du, o Herr). Dies ist ein jüdisches Mantra und bedeutet, daß der Herr die Quelle aller Kraft, aller Freude ist. Das Ziel ist, Ihn im eigenen Bewußtsein zu erkennen und mit Ihm zu verschmelzen.

Japam

Japam ist das ständige Wiederholen von Mantras oder von Affirmationen. Du kannst es tun, wenn du beim Einkaufen in einer Schlange stehst, und dabei diese Zeit sinnvoll verwenden. Oder du nimmst eine Mala und japst jeden morgen fünfmal die Mala mit deiner Affirmation.

Auf meiner letzten Indienreise habe ich fünfhunderttausendmal das Mantra OM NAMAHA SHIVAYA gejapt. Ich bin sehr tief beschenkt worden mit Glück und innerem Frieden.

Beispiele für Affirmationen

Anfänger

Ich ... vertraue darauf, daß meine Affirmationen sich erfüllen.
Jeder negative Gedanke erzeugt automatisch drei positive.

Selbstbewußtsein

Ich ... mag mich.
Ich ... habe das Recht, nein zu sagen, ohne dabei jemand zu verlieren.
Ich ... mag mich in Gegenwart anderer Menschen.
Ich ... erfahre täglich mehr Kraft und Selbstvertrauen.
Ich ... achte mich und nehme mich an, wie ich bin.

Beziehungen

Ich ... fühle mich entspannt unter fremden Menschen.
Ich ... drücke mich frei aus unter fremden Menschen.
Ich ... habe den richtigen Lebenspartner.
Ich ... bin der richtige Lebenspartner.
Ich ... bin jetzt bereit, Liebe offen und frei zu empfangen und zu geben.

Andere fühlen sich wohl in meiner Gegenwart.
Ich ... wähle meinen Partner selbst.

Liebe

Ich ... bin liebenswert.
Ich ... bin voll von Liebe.
Je mehr ich, ..., mich selbst liebe, desto mehr liebt mich mein Partner.
Mit Liebe beginne ich den heutigen Tag.
Meine Liebe vergibt alles.
Ich ... liebe mich und andere.

Sex

Sex macht mir Spaß und ist natürlich.
Meine sexuellen Phantasien sind normal, und ich genieße sie.
Mich selbst zu befriedigen macht mir Spaß.
Ich ... genieße meine sexuelle Energie, und sie wirkt sich auf alle Bereiche positiv aus.
Mein Partner mag den Geruch meines Penis, meiner Vagina.
Ich ... genieße meine Orgasmen.

Geld

Ich ... arbeite gerne und bekomme dafür mehr Geld, als ich brauche.
Ich ... verdiene mit Leichtigkeit pro Monat DM ...
Jede Mark, die ich ausgebe, kommt tausendfach zurück.
Ich ... genieße es, Geld auszugeben.
Ich ... bin Meister im Geldverdienen.
Ich ... habe ein erfülltes Leben.

Körper und Gesundheit

Ich ... bin vollkommen gesund.
Ich ... atme frei, zusammenhängend und entspannt.
Mein Idealgewicht ist ... kg.
Ich atme frische und gesunde Luft (ist eine gute Affirmation für Raucher, die aufhören wollen).
Je mehr ich mich und andere liebe, desto gesünder und wohler fühle ich mich.
Ich liebe meinen Körper, und er ist ein Ausdruck von Freude.

Verzeihen

Ich ... verzeihe mir, andere verletzt zu haben.
Ich ... verzeihe anderen, mich verletzt zu haben. .
Ich ... verzeihe meiner Familie, daß...
Ich ... verzeihe Freunden und Arbeitskollegen, daß...
Ich ... verzeihe Regierungen, daß...
Verzeihen ist eine sehr wirksame Methode, sich von Vergangenheit und Schuldgefühlen zu befreien. Viele berichten, daß diese Übung des Verzeihens wahre Wunder wirkt.
Erstelle eine Liste mit all den Menschen, die dich irgendwann in deinem Leben schlecht behandelt oder verletzt haben. Notiere auch die Namen derer, die du schlecht behandelt oder verletzt hast.
Ich ... verzeihe ... (Name des Betroffenen), daß ... (Grund).

Unterstützung
durch Leitgedanken

Möchtest du einen Garten mit schönen Blumen und vollen Früchten, so mußt du zuerst den Boden pflegen. Die Samen, die du pflanzt, mußt du hegen und ihnen genügend Wasser und Sonne geben, um sie zur Reife zu bringen.

Ein Leitgedanke ist ein Same, eine gefaßte Aussage, und verleiht deinem Denken und Handeln eine Richtung. Je aufnahmebereiter dein Boden, dein Bewußtsein ist, desto leichter wird der Same keimen. Je mehr du der jungen Pflanze Nahrung, Aufmerksamkeit und Liebe gibst, desto leichter und schneller wirst du einen Garten mit schönen Blumen und vollen Früchten haben.

Leitgedanken helfen dir, deine Absichten schneller zu realisieren und alte Denkgewohnheiten aufzulösen.

»Ich bin Liebe«

Liebe ist Ausdruck meines Selbst.

Heute sehe ich die Menschen mit liebenden Augen an. Ich weiß, daß Liebe heilt und eine Umgebung schafft, in der ich mich und andere sich wohl fühlen.

Ich danke den anderen, daß es sie gibt, denn dadurch kann ich Liebe leben, Liebe sein.

Ich liebe mich und andere.

»Ich bin offen«

Wenn ich mich öffne, komme ich in Berührung mit meinen Gefühlen, wie Traurigkeit, Wut, Ohnmacht, aber auch mit Liebe und Freude.

Aus Angst vor Abweisung verschließe ich mich und verstärke dabei nur die nicht gewollte Seite.
Meine Offenheit macht mich lebendig und gibt mir Kraft.
Ich bin offen und dadurch lebendig.

»Ich bin Geduld«

Ungeduld ist eine große Energieverschwendung, trübt unser Bewußtsein und verleitet uns zu falschen Entscheidungen.
Ich akzeptiere, wer und wie ich bin, ebenso die Realität, in der ich lebe. Durch Geduld und Ausdauer erreiche ich alles, was ich mir wünsche.
Ich bin am rechten Ort zur rechten Zeit.
Ich bin Geduld, ich liebe Geduld, und dafür liebe ich mich.

»Ich bin achtsam«

Oft bin ich unbewußt, handle aus Gewohnheit, oder der Kraftaufwand ist der Situation nicht angemessen, ich fühle mich ausgelaugt, und die Effektivität ist sehr gering.
Alles ist gut, wenn ich achtsam bin, denn dann bin ich in meiner Mitte, in meinem Kraftfluß, und ich genieße jeden Augenblick.
Weil ich mich liebe, bin ich heute achtsam und übe dies.
Ich bin achtsam und nehme meine Gedanken wahr.
Ich bin achtsam und nehme meinen Körper wahr.
Ich bin achtsam und nehme meinen Atem wahr.
Ich bin achtsam, weil ich achtsam bin.

»Ich bin Meister meiner Gedanken«

Gedanken sind kreativ und haben die Eigenschaft, sich zu manifestieren. Deshalb vermeide ich ab heute Gedanken, die mein Opferbewußtsein stärken. Diese sind: ich kann nicht, ich könnte, ich sollte, ich versuche, schwierig, aber, wenn nur, unmöglich.
Und ersetze sie durch: Ich bin, ich kann, ich tue, ich will.

Begleiterscheinungen des Rebirthing

Bevor du nun mit den Übungen beginnst, möchte ich dir noch von verschiedenen Phänomenen erzählen, die während der Übungen auftreten können. Sei behutsam und laß dich nicht verwirren. Eigentlich sind diese Symptome Beweise dafür, daß du mit deiner Arbeit voranschreitest. Es sind kleine Unterstützungen angegeben, die dir auf deiner Atemreise helfen.

Hungergefühle

Wenn du tiefer atmest, nimmt die Bewegung des Zwerchfells zu, und dadurch wird der darunter liegende Magen zusammengedrückt. Es kann Luft entweichen und ein Hungergefühl verursachen. Es kann auch entstehen, wenn du tiefe Wunden geheilt oder Energieblockaden, z. B. gestauten Ärger, aufgelöst hast. Entspanne dich, die Hungergefühle sind nur von kurzer Dauer. Es ist besser, dich eine Stunde in eine Badewanne zu legen und deinen emotionalen und mentalen Körper zu sättigen, z. B. durch eine Traumreise, als gleich deinen Magen vollzustopfen. Solltest du doch etwas essen, dann warte besser eine Stunde ab, und nimm leichte Nahrung langsam und bewußt zu dir.

Rückenschmerzen

Oft können zu Beginn deiner Atemerfahrung leichte Rückenschmerzen auftreten. Der Grund ist, daß sich durch das vermehrte Atmen dein Brustkorb weitet. Wenn deine Muskeln noch nicht beweglich genug sind, der nötigen Dehnung nachzugeben, entsteht ein starker Zug und verursacht Schmerzen. Sobald deine Muskeln elastisch werden und der Brustkorb sich weiten kann, sind die Schmerzen vorbei.

Von diesen Schmerzen kannst du dich leicht befreien, indem du ein paarmal fest, aber nicht grob mit der Handfläche, Handkante oder der Faust auf die Schmerzgegend klopfst. Dadurch werden die Muskeln gelockert, und der Brustkorb kann sich dehnen.

Je leichter du deinen Atem fließen läßt, desto leichter wird er dir deine Wirbelsäule aufrichten und dich von Haltungsschäden und Haltungsschmerzen befreien. Eine richtige Körperhaltung ist wichtig, damit die inneren Kräfte frei fließen können.

Schleimabsonderung

Wenn bei dir die Nase, die Nebenhöhlen oder die Bronchien erkrankt sind, sei es durch Allergien, Erkältung oder Luftverschmutzung, wirst du bei deiner Atemarbeit viel Schleim ausschneuzen oder heraushusten. Deshalb ist es ratsam, genügend Papiertaschentücher bereitzuhalten.

Atmen verursacht ein Zusammenziehen der Schleimhäute, und dadurch kannst du ausscheiden, was deine Atemwege behindert. Die Übung auf Seite 143 f. wird dir helfen, deine Atemwege zu reinigen und offenzuhalten.

Hyperventilation

Wenn du deine Atemreise alleine beginnst und sich bei dir Hyperventilationssymptome zeigen und sie dich beängstigen, mache ein paar kräftige Bewegungen mit deinen Armen und deinen Beinen, damit der Sauerstoff verbraucht wird. Sobald du dich sicher und gut fühlst, kannst du mit der Übung fortfahren. Vielleicht ist es nötig, eine Stunde zu warten oder einen ganzen Tag, bevor du weitermachen kannst.

Rebirthing-Übungen

Egal wie weit du dich einläßt und wie oft du diese Übungen ausführst, die Ergebnisse können nur größere Gesundheit, mehr Energie, weniger Spannung und ein reicheres Leben sein. Das einzig wirkliche Kriterium ist deine eigene Erfahrung. Sei achtsam, gehe behutsam mit dir um, habe Geduld und mache es dir leicht.

Die richtige Umgebung

Wähle einen ruhigen Übungsort, an dem du ungestört bist und dich wohl fühlst. Die Temperatur sollte angenehm sein, damit du leichte Kleider tragen kannst. Bei schönem Wetter öffne die Fenster, oder mache deine Übungen im Freien. Die Bewegungsfreiheit sollte nicht behindert sein. Lockere deinen Gürtel oder Büstenhalter, öffne Kragen und Krawatte. Entferne Armbanduhren und Dinge, die auf den Körper drücken, sowie Schmuckstücke, Brillen und Kontaktlinsen. Die Unterlage sollte nicht zu weich sein.

Die Übungsdauer

Es gibt keine allgemein gültige Regel, da die Übungsdauer von vielen persönlichen Umständen abhängt, beispielsweise ob dein Atem flach oder voll, frei oder blockiert ist, ob du gesund oder krank bist, ob glücklich oder depressiv, ...

Anfangs mag es auch sein, daß du dich nicht lange auf deine Atemübungen konzentrieren kannst, weil zu viele Bilder aufsteigen und deine Aufmerksamkeit immer abwandert, oder weil du

'gespannt darauf wartest, bis Bilder kommen. Es kann auch sein, daß eine tiefe Müdigkeit aufsteigt und du einschläfst.
Doch zunehmend wirst du erfahren, daß sich deine Konzentrationsfähigkeit verbessert.
Die Übungsdauer kann am Anfang dreißig Sekunden, fünf Minuten, zehn Minuten oder eine Stunde betragen. Wichtig ist, daß du dich wohl fühlst und das Atmen dir Freude macht.

Reihenfolge der Übungen

Beginne mit der Reihenfolge, wie sie hier beschrieben wird. Verweile längere Zeit bei einer Übung, damit du die Tiefe am eigenen Leib erfährst. Du kannst monatelang bei einer Übung bleiben, solange sie dir Spaß macht.
Sobald du genügend Erfahrungen hast, kannst du jede Übung verwenden, die dir in diesem Augenblick am besten erscheint.

1. Übung: Atemmeditation

Durch diese Übung werden deine Gedanken ruhiger, du wirst dich besser entspannen können und kommst mit der unsichtbaren Kraft deines Atems in Berührung.
Lege dich auf den Boden, und mache es dir bequem. Beobachte dein Einatmen. Beobachte dein Ausatmen. Hältst du deinen Atem fest? Ist deine Atmung schwierig? Atmest du voll ein? Läßt du dein Ausatmen geschehen? Fühlt es sich gut an zu atmen? Ist deine Atmung verbunden? Atmest du in den Bauch oder in die Brust?
Wenn andere Gedanken aufsteigen, laß sie zu, und gehe dann mit deiner Aufmerksamkeit wieder zu deinem Atem. Du brauchst weder deine Gedanken noch deine Gefühle zu unterdrücken, noch ihnen starke Beachtung zu schenken.
Als Bild kannst du dir vorstellen, dein Atem ist ein Fluß, und er trägt dich, als würdest du auf einer Luftmatratze liegen. Links und rechts ist das Ufer, sind Landschaften. Bäume, Häuser,

Straßen gleiten vorbei. Du nimmst sie wahr, und im nächsten Augenblick tauchen neue Bilder auf. Während du atmest, kommen Gedanken und Gefühle, Bilder und Körpersensationen. Weder unterdrückst du sie, noch bleibst du an ihnen haften. Sei achtsam, nimm sie wahr und atme weiter.

Oder stell dir vor, daß sich links und rechts von deinen Schläfen kleine Öffnungen befinden. Bei der einen Öffnung fließen die Gedanken herein, und bei der anderen verschwinden sie wieder. Wichtig ist, daß beide offen sind, und du wirst merken, daß dein Gedankenstrom ruhiger wird.

---

1. Mache jetzt die »zwanzig verbundenen Atemzüge«. Laß anschließend deinen Atem geschehen, verbinde jedoch Aus- und Einatmung.
2. Lege deine linke Hand auf den Bauch, und spüre den Atem unter deiner Hand.
3. Lege deine linke Hand auf den Nabel, und beobachte deinen Atem.
4. Lege beide Hände links und rechts auf den Bauch. Beobachte, ob sich dein Atem verändert.
5. Lege deine linke und rechte Hand auf die Nieren, und nimm deinen Atem wahr.
6. Lege deine linke und rechte Hand auf die Rippen, und beobachte, ob sich dein Atem verändert.
7. Lege deine linke und rechte Hand auf deinen Brustkorb, und spüre, wie sich dein Atem anfühlt.

Wie nimmst du jetzt deinen Atem wahr? Ist er weich, fließend und rund, oder wie ist er?

Welche Körperbereiche nimmst du wahr? Wie liegst du auf der Unterlage, und wie fühlen sich Bauch und Brustbereich an?

Wie fühlst du dich jetzt? Bist du entspannt, und fühlst du dich geborgen? Sind deine Gedanken ruhig, und bist du achtsam? Bleibe noch für eine Weile liegen. Dehne und strecke dich.

2. Übung: Der reinigende Atem

Diese Übung dient der Belebung und Reinigung deiner physischen und feinstofflichen Atemwege.

Sie besteht aus drei Teilen, und es ist empfehlenswert, sie jeden Tag nach dem Aufstehen zu machen, am besten nach dem Duschen, Zähneputzen und vor dem Frühstück.

Wenn du Raucher bist und aufhören möchtest, hilft dir diese Übung dabei. Oder wenn deine Nase verstopft ist, habe Geduld, oft wird sie durch diese Übung frei.

Neti-Reinigung

Für diese Übung gibt es eigens einen kleinen Behälter mit einem Schnabel, den du dir in jedem guten Yogazentrum kaufen kannst. Fülle es mit leicht gesalzenem Wasser, verwende dafür ein unbehandeltes Meersalz.

Beuge deinen Kopf nach links, gieße die Hälfte des Wassers in dein rechtes Nasenloch, und laß es aus dem linken wieder herauslaufen. Falls deine Nase verstopft ist, laß das Wasser von der Nase in den Mund laufen, und spucke es aus.

Blase nun das restliche Wasser aus beiden Nasenlöchern einzeln heraus.

Drehe deinen Kopf jetzt nach rechts, gieße die andere Hälfte in dein linkes Nasenloch, und laß es aus dem rechten Nasenloch herauslaufen. Blase wieder das restliche Wasser aus beiden Nasenlöchern.

Die beiden Nasenhöhlen sind intime Bereiche, und es kann sein, daß du etwas Überwindung brauchst, um diese Übung zu machen.

Nasenloch-Reinigung

Setze dich mit verschränkten Beinen auf den Boden oder aufrecht auf einen Stuhl. Die Finger deiner rechten Hand umschließen den Daumen, nur der Zeigefinger bleibt ausgestreckt. Lege

deine linke Hand auf das Knie, und verschließe mit dem Zeigefinger deiner rechten Hand das rechte Nasenloch. Atme sanft
und ganz tief durch das linke Nasenloch ein. Soviel Luft wie
möglich – bis in die Lungenspitzen hinein. Stell dir vor, daß
dieser Atem jede Zelle deines Körpers erfüllt. Halte den Atem so
lange an, wie es sich gut anfühlt, und atme dann durch das rechte
Nasenloch wieder aus, indem du mit deinem Zeigefinger das
linke Nasenloch verschließt.
Wiederhole dies dreimal.
Nun mache das gleiche, indem du mit dem anderen Nasenloch
einatmest, und wiederhole dies ebenfalls dreimal.

Die »zwanzig verbundenen Atemzüge«

Mache jetzt die »zwanzig verbundenen Atemzüge«. Bleibe noch
eine Weile ruhig sitzen, entspann dich, und achte auf die Empfindungen in deinem Körper.

3. Übung: Stärkung deines Potentials

Vielleicht weißt du nicht immer, was du willst, oder kannst dich
schwer entscheiden. Oder es fällt dir schwer zu genießen. Diese
Übung hilft dir dabei, lebensfrohe Botschaften entstehen zu
lassen, aber es kann sein, daß du am Anfang Geduld mit dir
haben mußt.
Die Aufgabe ist, daß du deine Phantasie spielen läßt und dir vor
deinem geistigen Auge einen wunderschönen Tag vorstellst,
ohne Einschränkungen und Kompromisse.
Eventuell kommen dir Zweifel, wie du das erreichen sollst, ohne
genügend Geld zu besitzen, oder die Trauminsel alleine zu genießen, obwohl du dich nach einem Partner sehnst.
Zünde dir eine Kerze an oder ein Räucherstäbchen. Hole dir
einen Blumenstrauß. Hör dir deine Lieblingskassette an, gestalte
deinen Raum so, daß du dich geborgen fühlst.
Lege dich auf den Boden und mache es dir bequem.

Atmung

Verbinde Aus- und Einatmung während der ganzen Übung.
Mache die »zwanzig verbundenen Atemzüge«.
Lege deine linke Hand auf den Bauch und deine rechte Hand auf die Brust.
Atme weich und leicht durch die Nase aus und ein.
Atme zehnmal in deine linke Handfläche.
Atme zehnmal in deine rechte Handfläche.
Atme jetzt einfach weich und leicht durch die Nase aus und ein.

Visualisierung

Visualisiere deinen schönsten Tag in deiner Beziehung, an deinem Arbeitsplatz oder im Urlaub.
Schau genau hin, wie dein(e) Partner(in) aussieht, wie er (sie) riecht, sich bewegt, gekleidet ist.
Oder beobachte, mit wem du arbeitest, was du tust oder wo du deinen Urlaub verbringst.
Laß diesen Tag gefühlsmäßig auf dich wirken, und genieße diese Übung.
Am Schluß dieser Übung arbeite kurz mit Affirmationen.

Affirmationen

Ich habe den richtigen Lebenspartner.
Ich bin voller Selbstvertrauen.
Es macht mir Spaß, mich in meiner Arbeit auszudrücken.
Ich bin immer zum richtigen Zeitpunkt am richtigen Ort.
Ich weiß, was ich will, und es macht mir Spaß, dies zu manifestieren.

4. Übung: Analysieren deiner Projekte

Diese Übung ist hilfreich, wenn du in einem Bereich oder konkreten Projekt nicht weiterkommst.
Ich selbst verwende diese Übung regelmäßig. Sie bereitet mir Spaß, und ich schaue mir meine Projekte an, wann und wo Korrekturen nötig sind.

Atmung

Verbinde Aus- und Einatmung während der ganzen Übung.
Mache »zwanzig verbundene Atemzüge«.
Lege deine linke Hand auf den Bauch und deine rechte Hand auf die Brust.
Atme weich und leicht durch die Nase aus und ein.
Atme zehnmal in deine linke Handfläche.
Atme ungefähr fünf Minuten die »zwanzig verbundenen Atemzüge« in deine rechte Handfläche.
Atme jetzt einfach weich und leicht durch die Nase aus und ein.

Visualisierung

In diesem Teil der Übung vereinigst du Autor, Regisseur und Schauspieler in deiner Person. Stell dir ein Thema vor, oder verwende ein konkretes, existierendes Projekt. Schreibe dazu das Drehbuch, setze es in Bilder um beziehungsweise in die richtige Landschaft, und gleichzeitig spielst du die Rolle. Dabei kannst du auch mehrere Parts übernehmen oder alle spielen lassen.
Halte Schreibzeug griffbereit, denn manchmal blitzen gute Ideen durch den Kopf und sind nach ein paar Minuten wieder verloren oder blockieren dich, weil du befürchtest, einen wichtigen Gedanken zu vergessen.
Hier kannst du zum Beispiel dein konkretes Projekt vor deinem geistigen Auge ablaufen lassen. Kritische oder unbefriedigende Szenen kannst du dir ein paarmal anschauen oder auch verändern, bis sie für dich stimmig sind.

Zugleich kannst du dabei deine eigene Haltung überprüfen, ob du beispielsweise genau diese Szene kreierst, weil du immer kämpfen mußt, wenn du Erfolg haben willst.
Möchtest du anschließend ein Programm ändern, verwende die Einwand-Affirmationstechnik.

Es fällt mir, Peter, leicht, und ich genieße es, Erfolg zu haben.
Mein ganzes Leben habe ich kämpfen müssen.

Affirmationen

Ruhig und ausgeglichen bin ich in meinem Projekt...
Mein Projekt ... macht mir Spaß und es fällt mir leicht, konstruktiv zu sein.
Wenn ich mich öffne, erfahre ich Gutes.
Ich bin kreativ und voller Vertrauen.

5. Übung: Bei Schlafstörungen

Du liegst im Bett und kannst nicht einschlafen. Vielleicht hast du morgen eine Prüfung, oder du denkst an eine bestimmte Person und spürst die dazugehörigen Gefühle wie Sehnsucht, Liebe, Verlangen, Traurigkeit, Ohnmacht, Zorn. Oder du hast große Sorgen, und du bräuchtest morgen die ganze Kraft für klare Entscheidungen, doch es gelingt dir nicht abzuschalten, loszulassen und einzuschlafen. Oder vielleicht kannst du einfach nicht einschlafen und weißt nicht warum.

Atmung

Atme weich und leicht durch die Nase aus und ein.
Verbinde Aus- und Einatmung während der ganzen Übung. Wichtig ist, daß du den Atem nicht forcierst oder unterdrückst, sondern daß du ihn geschehen läßt und ihn nur verbindest. Achte darauf, daß wirklich keine Pausen entstehen.

Spüre für ein paar Augenblicke deinen Atem.

Es kann sein, daß Gefühle aufsteigen wie Traurigkeit, Sehnsucht, Freude... und am liebsten würdest du aufhören. Habe Vertrauen, verbinde Aus- und Einatmung, und atme die aufsteigenden Gefühle aus.

Diese Übung ist eine aktive Entspannungsmethode und unterstützt dich, Verspannungen Schritt für Schritt zu lösen.

Gedanken

In dem Augenblick wo du dich nicht mehr auf die Atmung zu konzentrieren brauchst, steigen in dir die Gedanken auf, die dich daran hindern einzuschlafen. Beginne jetzt Affirmationen oder Mantren zu rezitieren.

Suche dir eine geeignete Affirmation, mit der du im Moment arbeiten willst:

Ich bin sicher in der Gegenwart anderer.

Ich kann jetzt Liebe frei geben und annehmen.

Ich bin entspannt und voller Vertrauen.

Ich bin vollkommen gesund.

Ich (Name) schließe Frieden mit...

Oder wiederhole ein Mantra, z. B. Om Namaha Shivaya, was soviel heißt wie: Herr, Dein Wille geschehe.

Affirmationen und Mantren besitzen sehr viel Kraft. Es kann sein, daß du sie eine Weile rezitieren mußt, doch du wirst merken, es entwickelt sich so etwas wie ein persönlicher Geschmack. Ähnlich, wie wenn du an eine bestimmte Person denkst, sich Sehnsucht oder Ärger in deinem Körper ausbreiten, analog durchströmt dich ein wohliges Gefühl, wenn du mit Affirmationen oder mit Mantren arbeitest, gleichzeitig werden dadurch alte Gedankenstrukturen aufgelöst.

6. Übung: Natürliche Verjüngungskur

Es gibt viele Gründe, den konstruktiven Gebrauch des Atems und die Kraft der Gedanken zu lernen:
damit sich die Zellen besser erneuern,
damit die Vitalkraft größer ist,
damit die Lebendigkeit gesteigert wird,
damit deine innere und äußere Schönheit sich leichter manifestiert.
Die Lungenfunktion nimmt zwischen dem vierten und fünften Lebensjahrzehnt ab.
Bewußtes Atmen wirkt hier als natürliche Sauerstoffverjüngungskur.
Bereits nach zehn bis dreißig Sitzungen mit einem erfahrenen Rebirther kann man einen Verjüngungseffekt feststellen.
Verwende folgende Übung über einen Zeitraum von vier Wochen jeden Tag, du wirst dich wohler, gesünder, lebendiger und jünger fühlen und auch so aussehen.

Atmung

Verbinde Aus- und Einatmung während der ganzen Übung.
Mache die »zwanzig verbundenen Atemzüge« durch den Mund.
Lege deine linke Hand auf den Bauch und deine rechte Hand auf die Brust.
Atme durch den Mund aus und ein.
Atme zehnmal in deine linke Handfläche.
Atme zehnmal in deine rechte Handfläche.
Wiederhole die »zwanzig verbundenen Atemzüge« durch den Mund.
Atme jetzt weich und leicht durch die Nase aus und ein.
Bleibe liegen und verwende unten aufgeführte Visualisierungsübung.

Visualisierung

Stell dir vor, ein goldenes und warmes Licht breitet sich aus deinem Herzen aus.
Erlebe, wie es sich wellenförmig ausdehnt, bis du eine strahlende Sonne bist.
Jede Zelle deines Körpers wird durchströmt von diesem Licht, und jedes Defizit, jede Sehnsucht, jeder Hunger wird gestillt.
Liebe und Frieden breiten sich in deinem Körper aus.
Sage zu dir leise und mit Überzeugung:
Ich bin schön.
Ich liebe meinen Körper, und ich sehe von Tag zu Tag jünger aus.
Ich liebe mich und andere.

Schönheitspflege

Verwöhne deinen Körper regelmäßig, und entdecke deine Liebe für dich selbst. Verwende Affirmationen, und visualisiere bei der täglichen Körperpflege. Entdecke deine innere Schönheit, laß sie sich ausbreiten und manifestieren.
Nimm täglich ein Bad, visualisiere und erlebe, daß das Element Wasser dich reinigen und heilen kann. Als Badezusatz verwende häufig Apfelessig oder Meersalz. Gebrauche keine chemischen Badezusätze, denn der Haut bekommt dies nicht.
Creme deinen Körper ein, und sag dir als Affirmation, daß dein Körper immer schöner wird. Oder lasse dich von deinem Partner eincremen und dich von ihm/ihr mit Affirmationen verwöhnen.

Affirmationen

Ich werde jeden Tag schöner und fühle mich gut damit.
Ich ... achte mich und nehme mich an, wie ich bin.
Ich ... genieße meinen Körper, und er ist ein Ausdruck der Freude.
Mein Idealgewicht beträgt ... kg.

Ich liebe mich und andere.
Schreibe dir deine Tagesaffirmation auf eine Karte. Mache jede Stunde die »zwanzig verbundenen Atemzüge«, und lies dir deine Affirmation laut oder leise vor.

Ernährung

Iß während der natürlichen Verjüngungskur viel frisches Obst und Gemüse. Trinke wenig Alkohol, und vermeide Zigaretten. Ich empfehle dir, pro Woche einen Obsttag einzuführen. Egal wieviel Obst du ißt, du wirst davon nicht dick, sondern reinigst und verjüngst damit deinen ganzen Körper. Als Unterstützung möchte ich anregen, diese natürliche Verjüngungskur mit Freunden und Arbeitskollegen gemeinsam zu machen.

7. Übung: Stärkung deiner Stimme

Leser-Lasario heilte sich selbst von seinen ererbten Erkrankungen des Gaumens, aus denen sich viele andere Störungen seines Körpers, wie unter anderem der Stimme, des Atems und der Verdauung ergaben. Diese Heilung geschah durch Atem- und Tonarbeiten, und er entwickelte daraus eine eigene Atem- und Stimmtherapie.
Jeder Laut besitzt eine eigene Schwingung und Wesensart und wirkt auf bestimmte Organe, Körperteile, Chakren und wird einer eigenen Farbe zugeordnet.
Durch das Singen entsprechender Laute werden die einzelnen Organe, Körperteile und Chakren angeregt, ihre Durchblutung wird verstärkt und Blockaden werden aufgelöst.
Ich zeige es kurz anhand einer Tabelle:

i	Kopf, Rachen	freudig	hellgelb	6., 7. Chakra
e	Hals, Kehlkopf	heiter	gold, orange	5. Chakra
ä	Schlund, Lungenspitzen	heiter	gold, orange	
a	obere Brust	neutral	blaugrün	
o	Herz	ernst	purpurrot	4. Chakra
ö	Zwerchfell, Leber, Magen	ernst	blau	3. Chakra
u	Unterleib	tiefernst	dunkelblau	1., 2. Chakra
ui	Niere, Mastdarm	tiefernst	dunkelblau	

Atmung

Verbinde Aus- und Einatmung während der ganzen Übung.

Mache die »zwanzig verbundenen Atemzüge« im Lotussitz, oder setze dich aufrecht auf einen Stuhl.

Lege deine linke Hand auf den Bauch und deine rechte Hand auf die Brust.

Atme weich und leicht durch die Nase aus und ein.

Atme zehnmal in deine linke Handfläche.

Atme zehnmal in deine rechte Handfläche.

Atme jetzt einfach weich und leicht durch die Nase aus und ein.

Singe klar und deutlich die einzelnen Laute im angegebenen Ausdruck (z. B. freudig), und visualisiere die dazugehörigen Farben.

Du kannst Kinderlieder oder Lieblingslieder summen, brummen, singen oder pfeifen. Singe jeden Tag ein fröhliches Lied oder ein Mantra, etwa das Halleluja.

Ich selbst singe eineinhalb Stunden pro Woche mit Freunden und erfahre dabei sehr viel Heilung. Es wirkt wie eine feine Körpermassage, die Aura wird gereinigt, ebenso die Emotionen und der Geist.

Falls du dich nicht singen traust, probiere es und singe alleine in der Badewanne. Ich selbst hatte in der Volksschule eine Fünf im Singen. Das Singen entdeckte ich 1986 mit Leonard Orr in Asien, und seit 1990 gibt es bereits eine Mantra-Kassette mit dem Titel Shiva Shambo von mir, auf der ich selbst singe.

Heute macht mir das Singen Spaß, und ich erlebe dabei viel Freude und Heilung.

Rebirthing-Übungen
für Fortgeschrittene

1. Übung: Unterbewußtsein integrieren und Intuition entwickeln

Im Unterbewußtsein ist tiefes Wissen gespeichert, doch oft bleibt es blockiert wie auch unsere Intuition. Das Ziel dieser Übung liegt darin, diese Blockaden aufzulösen und konstruktiv dieses Wissen zu nützen.

Diese Übung ist sehr einfach und sehr kraftvoll. Sei entspannt, liebevoll zu dir, und bewerte nicht.

Atmung

Fortgeschrittene, die in der Rebirthing-Atem-Technik bereits sicher sind und die mit einem erfahrenen Rebirther bereits Warmwasser-Rebirthing gemacht haben, können diese Übung auch in der Badewanne ausführen.

Verbinde Aus- und Einatmung während der ganzen Übung.

Mache die »zwanzig verbundenen Atemzüge«.

Lege deine linke Hand auf den Bauch und deine rechte Hand auf die Brust.

Atme zehnmal in deine linke Handfläche.

Atme zehnmal in deine rechte Handfläche.

Entspanne dich für eine Weile.

Wiederhole die »zwanzig verbundenen Atemzüge«.

Atme weich und leicht durch die Nase aus und ein.

Gedanken

Wähle ein Thema, das dich schmerzhaft berührt. Schaue dir an, was du dazu beiträgst, daß es sich in deinem Leben solcherart gestaltet. Wichtig ist, daß du die dazugehörigen Gedanken, Bilder und Gefühle Schritt für Schritt zuläßt. Bewerte sie nicht, denn dies ist immer ein sicheres Zeichen, daß du die Verantwortung nicht übernehmen oder die Situation nicht verändern willst. Achte darauf, daß du nicht das Thema wechselst oder die Verantwortung überträgst. Wenn du merkst, daß du abschweifst, kehre zum Thema zurück. Laß deine Gefühle zu und atme sie aus.

Gib deinen Gedanken freien Lauf, sei Beobachter, sei passiv, als würdest du einen Film anschauen. Wichtig ist, daß du dabei nicht bewertest, daß du die Gedanken zuläßt, die entstehen.

Es kann sein, daß dir die Übung nicht leichtfällt, wenn keine angenehmen Gedanken aufsteigen, denn du möchtest ein guter Mensch sein, in Frieden leben, eine glückliche Beziehung haben, und hast keine konkreten Vorstellungen, wie dein Leben aussehen soll. Doch leider stimmt es nicht mit den Gedanken und Bildern überein, die in dir aufsteigen. Sei behutsam mit dieser Übung, denn du öffnest hiermit dein Unterbewußtsein und findest Zugang zu deiner Intuition.

Ich weiß aus eigenen Erfahrungen, daß bei dieser Übung bei mir Bilder aus früheren Leben aufstiegen, und ich habe eine Weile gebraucht, diese zu integrieren. Doch es war sehr befreiend. Es tauchten auch Bilder aus meiner Kindheit auf, die ich verdrängt hatte, doch meine Eltern bestätigten diese Erfahrungen.

So sah ich mich als kleines Kind, ungefähr drei Jahre alt, in einem Krankenhaus weit weg von zu Hause. Ich wußte, daß ich nicht zu Fuß heimgehen konnte, und ich hatte Angst, daß ich meine Eltern nie wiedersehen würde. Ich spürte Schuldgefühle, daß ich vielleicht nicht gut genug zu ihnen war, und ich habe sehr viel geweint.

Ich fühlte diesen Trennungsschmerz.

Ich atmete und verband Aus- und Einatmung, ließ die Gefühle hiersein, fühlte, erlebte und durchlebte diesen alten Schmerz wieder. Nach etwa einer Stunde wurde ich ruhiger, ich war erschöpft, und es war sehr viel Frieden in mir.

Es kann auch sein, daß bei dir keine Gedanken oder Bilder erscheinen und du unruhig wirst. Dann mache entweder eine andere Übung, z. B. *Stärkung deines Potentials*, oder wiederhole sie.

Affirmationen

Ich erkenne und lebe jetzt meine unendlichen Möglichkeiten und Fähigkeiten.

Ich fühle mich frei und sicher, meine Göttlichkeit zum Ausdruck zu bringen.

Wiederhole diese Übung regelmäßig, und es wird dir immer leichter fallen, dein Unterbewußtsein zu integrieren und einen Zugang zu deiner Intuition zu finden.

Jetzt folgen Übungen mit bewußtem Atmen in der Badewanne. Es liegt ein unglaublicher Wert darin, das bewußte Atmen mit dem Vergnügen des Badens zu verbinden. Sei achtsam und mache es erst, wenn du genügend Erfahrung in Rebirthing und Warmwasser-Rebirthing besitzt, und spreche mit deinem Rebirther über diese Übungen.

2. Übung: Die »zwanzig verbundenen Atemzüge«

Lege dich in die Badewanne und verbinde Aus- und Einatmung während der ganzen Übung.

Mache die »zwanzig verbundenen Atemzüge«.

Verwende jetzt circa zwnzigmal eine Affirmation, mit der du im Moment arbeitest.

Diese Übung hört sich sehr einfach an, doch benutze diese Übung jeden Tag, einen Monat lang.

3. Übung: Atemmeditation in der Badewanne

Lege dich in die Badewanne, und beobachte dein Einatmen. Beobachte dein Ausatmen.

Hältst du deinen Atem fest? Ist deine Atmung schwierig? Atmest du voll ein? Läßt du dein Ausatmen geschehen? Fühlt es sich gut an zu atmen? Ist deine Atmung verbunden? Atmest du in den Bauch oder in die Brust?

Wenn Gedanken kommen, laß sie zu und gehe dann mit deiner Aufmerksamkeit wieder zu deinem Atem. Du brauchst weder deine Gedanken noch deine Gefühle zu unterdrücken oder ihnen starke Beachtung zu schenken.

---

1. Mache jetzt die »zwanzig verbundenen Atemzüge«. Laß anschließend deinen Atem geschehen, verbinde jedoch Aus- und Einatmung.
2. Lege deine linke Hand auf den Bauch, und spüre den Atem unter deiner Hand.
3. Lege deine linke Hand auf den Nabel, und beobachte deinen Atem.
4. Lege deine linke und rechte Hand links und rechts auf den Bauch. Beobachte, ob sich dein Atem verändert.
5. Lege deine linke und rechte Hand auf die Nieren, und nimm deinen Atem wahr.
6. Lege deine linke und rechte Hand auf die Rippen, und beobachte, ob sich dein Atem verändert.
7. Lege deine linke und rechte Hand auf den Brustkorb, und spüre, wie sich dein Atem anfühlt.

Wie nimmst du nun deinen Atem wahr? Welche Bereiche deines Körpers spürst du jetzt? Wie fühlst du dich?

Bleibe noch für eine Weile in der Badewanne liegen, und laß es dir gutgehen.

4. Übung: Strecken I in der Badewanne

1. Lege dich in die Badewanne.
2. Mache die »zwanzig verbundenen Atemzüge« mit dem Kopf so weit unter Wasser, daß nur deine Nase aus dem Wasser schaut.
3. Entspanne dich für ein paar Minuten.
4. Lege deine Füße vorne auf den Badewannenrand, stütze deine Hände seitlich auf, und hebe deinen Körper aus dem Wasser.
5. Während du deinen Körper aus dem Wasser hältst, mache die »zwanzig verbundenen Atemzüge«.
6. Wenn du sie beendet hast, lege dich langsam zurück in das Wasser, und entspanne dich.

Sei nicht überrascht, wenn du in dieser Übung mit infantilem Bewußtsein in Kontakt kommst. Verwende diese Übung ebenfalls täglich für dreißig Tage.

5. Übung: Strecken II in der Badewanne

1. Lege dich in die Badewanne.
2. Mache die »zwanzig verbundenen Atemzüge« mit dem Kopf so weit unter Wasser, daß nur deine Nase aus dem Wasser schaut.
3. Entspanne dich für ein paar Minuten.
4. Lege deine Füße vorne auf den Badewannenrand, stütze deine Hände seitlich auf, und hebe deinen Körper aus dem Wasser.
5. Während du deinen Körper aus dem Wasser hältst, mache die »zwanzig verbundenen Atemzüge«.
6. Wenn du sie beendet hast, lege dich langsam zurück in das Wasser, und entspanne dich.

7. Stehe nun auf in der Badewanne – langsam, damit du dich nicht verletzt.
8. Während du stehst, mache die »zwanzig verbundenen Atemzüge«.
9. Lege dich wieder in das Wasser, und wiederhole die »zwanzig verbundenen Atemzüge«.
10. Entspanne dich, bis du genug hast.

Abschließende Gedanken

Rebirthing kann jeder machen, egal ob jung oder alt. Es unterstützt jeden darin, mehr Freude zu erleben, konstruktiv sein eigenes Leben zu gestalten, Eigenverantwortung zu übernehmen und in Liebe und Klarheit zu leben. Es setzt neue Energien frei für Sport, Beruf und Heilprozesse. Auf der körperlichen Ebene wird der Blutkreislauf angeregt bzw. harmonisiert, das Nervensystem erfrischt, die Verdauung verbessert, das Immunsystem stabilisiert sich. Auf der emotionalen Ebene werden Ängste verarbeitet, die natürliche Freude gesteigert und Gefühlsstauungen aufgelöst. Auf der geistigen Ebene werden Gedanken ruhiger, die Konzentration und Vitalität erhöht.

Rebirthing eignet sich auch für schwangere Frauen, da zum einen das eigene Geburtstrauma aufgelöst wird und somit weniger Panik bei der Geburt entsteht und zum anderen die Atmung während der Geburt ohnehin eine wichtige Rolle spielt.

Rebirthing ist jedoch keine Religion, Therapie, Hypnose und auch kein Ersatz dafür.

Dank

Ich bedanke mich bei meiner Lebenspartnerin und besten Freundin Karin. Ihre Liebe und Wärme haben mich sehr inspiriert und mir viel Kraft gegeben. Ich bedanke mich bei Leonard Orr, daß er die wunderbare Methode des Rebirthings entwickelt hat und für das Vertrauen, mit ihm dieses Buch schreiben zu dürfen. Ich danke Herakhan Baba und Shri Muni Raji für ihre Liebe und Geduld. Ich bedanke mich bei meinen Eltern, daß sie immer für mich da sind. Ich bedanke mich bei Günter und Silvana Griebl für die liebevolle Ausbildung zum Rebirther. Ich bedanke mich bei vielen, vielen Menschen, die mir geholfen haben, meinen Weg zu gehen.

Hinweise

Zu diesem Buch sind erschienen und können über den Fachhandel oder durch Versand bei Konrad Halbig bezogen werden:

1. Born to Breath

Kristian Schultze trägt den Zuhörer gefühlvoll auf einer Spirale in den Himmel und langsam wieder zurück auf die Erde. Die Musik führt zur Entspannung, Harmonisierung und steigert die Lebensfreude.
Erhältlich als Musikkassette (RB 2 MC) oder
Compact Disc (RB 2 CD)

2. The River

Dieser Musik liegt eine universelle Sprache des Verstehens unter der Regie von Phantasie und Schönheit zu Grunde. Es ist eine musikalische Reise mit der Ur-Thematik: Vergänglichkeit am Beispiel des Flusses (The River), der nie aufhört zu fließen... Losgelöst von Ort und Zeit, bestehend aus klassischen Klangelementen, zeitgemäß arrangiert – eine Musik, die verzaubert.
Erhältlich als Musikkassette (PI 3 MC) oder
Compact Disc (PI 3 CD)

3. Bewußtes Atmen

Konrad Halbig spricht über das Wunder und die Kraft des Atems, leitet zu einfachen Atemübungen an und singt Mantren aus allen Religionen zu den Zwanzig Verbundenen Atemzügen.

4. ICH BIN Affirmationen

Als Kartenset
22 Leitgedanken und 78 Affirmationen für den Alltag, die unser Bewußtsein konstruktiv und positiv verändern.

Als Musikkassette
Al Gromer Khan vertonte die Ich-Bin-Affirmationen mit einer heilenden Entspannungsmusik.

5. Bewußtes Atmen

In diesem Video erklärt Leonard Orr die Essenz von Rebirthing und Konrad Halbig leitet einfache Atemübungen zum Mitmachen. (Video RB 5)

Ausbildung und Seminare

Rebirthing Certification mit Leonard Orr und Konrad Halbig

Dieses Training findet einmal im Jahr an einem wunderbaren Ort in der Natur statt. Das Seminar ist inhaltlich den Elementen, ihren Qualitäten und den ihnen zugeordneten Übungswegen gewidmet und zielt neben der Erweiterung des Erfahrungsbereiches auf die spätere Vermittlung und Weitergabe des Erlernten und Erfahrenen ab.

Einjährige Ausbildung zum Rebirther mit Konrad Halbig

Die Ausbildung umfaßt: Atemarbeit, Körperarbeit, Selbstmanagement und Reinigung mit den Elementen. Die Ausbildung ist in mehreren Abschnitten über ein Jahr verteilt.

Darüber hinaus gebe ich Einzelsitzungen und Gruppenseminare in Rebirthing und Reinigung mit den Elementen.

Nähere Informationen unter:
Konrad Halbig, Breisacher Str. 17, D-8000 München 80